사회복지정책론

정연모 · 임우현 · 최형임

KNOWLEDGE COMMUNITY 공동체

사회복지정책론은 국제사회가 산업화 과정에서 직면하게 된 빈곤이나 실업, 불평등 문제에 대응하기 위해 발전되어 온 다양한 사회복지정책들을 공부한다. 특히 산업혁명 이후의 사회변화는 직업과 인간생활의 변화 등 예측할 수 없는 다양한 사회문제에 대하여 그 출현배경과 내용을 파악하도록 요구하고 있으며, 이는 결코 쉬운 일이 아니다. 그래서 사회복지학뿐만 아니라 정치학, 경제학, 법학 등 다양한 학문적 지식을 요구하는 사회복지정책론은 배우는 학생뿐만 아니라 교수자도 가르치기 힘든 과목 중에 하나이다.

저자는 사이버대학에서 성인학습자들에게 사회복지정책을 가르치면서 정책에 대한 깊이 있는 학문을 공부하기보다는 다양한 정책적 접근에 대한 이해를 통해 사회복지정책이 어떻게 만들어지고 시행되는지를 알 수 있는 것만으로도 좋은 공부가 될 것이라 생각하게 되었다. 그래서 사회복지정책이 전문적 학문으로서의 내용도 중요하지만 다양한 학문적 지식을 요구하는 만큼 시민들의 교양적 과목으로 자리매김하여 사회복지를 공부한 학생들만이라도 다른 사람을 배려할 줄 알고, 스스로 자신의 삶을 영위할 수 있는 수준 높은 시민들로 성장하기를 바라는 마음으로 이 책을 집필하게 되었다.

이 책은 사회복지정책이라는 방대한 내용을 쉽고, 간단하게 설명하면서도 기초적인 내용들을 최대한 담기 위해 노력하였다. 이를 위해 총 4장으로 구성하였으며, 사이버대학의 강의 형태에 맞추어 각 절당 3강씩으로 수업이 진행될 수 있도록 핵심적인 내용만을 간결하게 기술하였다.

제1장은 사회복지정책의 이해를 돕기 위해 개념과 유형, 사상과 발달이론, 역사, 복지국가에 대한 이해를 돕기 위한 내용들로 구성하였다.

제2장은 사회복지정책의 형성과정으로 정책이 형성되고, 결정되고, 집행되는 과정과 이에 대한 평가방법, 정책분석에 대한 내용들을 살펴볼 수 있도록 구성하였다.

제3장은 사회복지정책의 분석틀로 할당, 급여, 전달체계, 재원에 대하여 구체적으로 단락을 나누어 살펴봄으로써 사회복지정책이 단순히 정치적인 입장에서 만들어지는 것이 아니라 여러 차원의 분석을 통해 사회복지정책이 만들어지는 것을 알 수 있도록 하였다.

제4장에서는 사회복지정책의 실천과 과제로 우리나라의 다양한 사회보장정책들을 소득, 의료, 근로로 나누어 살펴보았으며, 저소득층 지원사업과 사회적 기업, 협동조합 등의 주제를 통해 현재의 우리나라 정책들에 대하여 학생들이 관심을 가질 수 있도록 제시하였다.

이 책은 대학에서 사회복지정책을 공부하는 학생들에게 사회복지정책이 추상적이고 어렵기만 한 과목이 아니라 사회복지정책에 대한 올바른 이해를 바탕으로 사회 전반에 대한 전체적인 조망을 통해 복지시민으로 성장할 수 있도록 기반을 마련하고자 노력하였다. 이 책이 출판될 수 있도록 격려하고 도움을 준 공동체 가족 여러분들에게 감사의 말씀을 전한다.

2024년 5월

저자 일동

CONTENTS

목 차

CONTENTS 목 차

CHAPTER 1

사회복지정책의 이해

1. 사회복지정책의 개념과 유형
2. 사회복지정책의 사상과 발달이론
3. 사회복지정책의 역사적 발전
4. 복지국가와 사회복지정책

CHAPTER 1

사회복지정책의 이해

1. 사회복지정책의 개념과 유형

1) 사회복지정책의 개념

사회복지정책은 '사회복지'와 '정책'이라는 두 용어의 복합개념으로 사회복지라는 공공목적을 달성하기 위하여 국가나 지방자치단체 등의 기관이 정치·행정적 과정을 통해 국민을 위해 수행하려는 장래의 활동 및 행동방침을 말한다. 디니토(Dinitto)와 다이(Dye)는 "국민생활의 질 또는 행복의 요소에 영향을 미치고자 정부가 하기로 하거나, 하지 않기로 한 활동"이라고 정의하였다. 일반적으로 정부가 그 나라 국민들에게 서비스나 소득을 제공함으로써 국민복지에 영향을 미치는 정부의 활동으로 규정할 수 있고, 이는 협의로 국가와 지방자치단체가 계획하는 사회복지의 목적 달성을 위한 방법과 절차 등을 포함한 방침을 의미하며, 광의로는 사회복지의 추진, 수행을 위한 국가, 지방자치단체 혹은 기타 공적·사적인 여러 단체와 기관의 방침을 의미한다고 볼 수 있다(이진숙 외, 2011).

따라서 사회복지정책의 개념을 정리해 보면, 인간의 복리, 행복, 안녕을 도모하고 국민생활의 질을 향상시키는 사회복지와 공공의 목적을 달성하기 위한 정책 목표, 국가나 지방자치단체가 주체가 되어 정치·행정적 과정을 통해 전체 국민들을 대상으로 실시하는 활동이라고 정의할 수 있다(고수현 외, 2016).

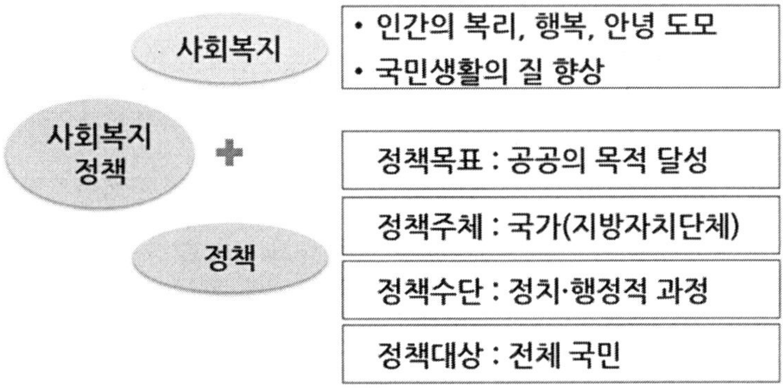

[그림 1-1] **사회복지정책의 개념**

(1) 국가별 개념의 차이

① 영국 : 사회행정과 사회서비스

영국은 사회복지라는 용어 대신, 사회정책(social policy), 사회행정(social administration) 또는 사회서비스(social service)라는 용어를 사용한다(사회복지교육연구센터, 2013). 이는 우리가 쓰는 사회복지정책보다 넓은 의미로 사용되는데, 개인의 의식주와 관련된 생활 문제와 기본 생존권 보장이 있으며 소득, 보건, 주택, 교육, 대인서비스의 5개 영역을 중심으로 이루어져 있다.

② 독일 : 노동정책과 사회정책

독일은 자본주의 발달로 야기되는 각종 사회문제(빈곤, 불평등 등)와 노동문제에 관심을 가지며 노동권에서 분화된 권리 개념으로 사회복지정책을 주장하고 있으며, 사회보험을 도입한 이후 사회보험을 중심으로 다양한 사회복지정책을 발전시켰다. 독일의 사회복지정책은 노동문제와 연관성, 사회보험 중심이라는 특징을 가진다.

③ 미국 : 사회보장

미국은 국가가 사적 영역에 개입하는 것을 최소화하고 개인과 시장의 자유를 중요시한다. 1929년 대공황 이후 대량 실업과 빈곤, 사회갈등이 늘어난 1930년대에 사회복지정책이 도입되었다. 이는 우리나라의 사회복지정책과 유사한 개념으로 사회보장(social security)이라는 표현을 많이 사용하고 있으며, 공공의 역할이 미흡하며, 민간의 역할이 상대적으로 크다. 사회복지정책은 주로 정부기관, 자발적 비영리조직, 영리추구 조직을 통해 물적 자원과 서비스 자원을 개인이나 가족에게 전달해 주는 역할을 한다(서보준 외, 2014).

④ 북유럽 : 보편적 사회복지 프로그램

북유럽의 복지국가들은 모든 국민을 대상으로 한 평등한 급여와 서비스를 국가의 일반 재정을 사용하여 제공한다. 보편주의·연대주의적 사회복지정책이 발전되었으며 성장과 분배의 성공적인 조화를 이루고 있다. 복지국가 발전과정에서 사회민주주의 사상이 중요한 역할을 하였다.

(2) 사회복지정책의 기능

① 사회복지정책의 긍정적 기능

가. 사회통합과 정치적 안정

사회복지정책은 사회문제를 해결하고 사회적 약자의 욕구를 충족시켜서 사회통합을 이루고, 질서유지를 통해 정치적 안정을 도모하는 기능을 한다.

나. 사회문제 해결과 사회적 욕구 충족

사회복지정책은 사회구성원 전체에게 보편적으로 발생할 수 있는 문제들에 개입함으로써 문제현상을 완화하고 사회적 변화를 꾀하는 기능을 한다.

다. 소득재분배

사회복지정책은 시장에서 재분배된 소득을 2차적으로 재분배하는 기능을 한다.

라. 경제적 안정

사회복지정책은 호황과 불황의 변동에도 상대적으로 일정한 사회보장 지출(연금, 의료보호 등)을 통해 경기변동의 방향과 반대되는 방향으로 움직이면서 경제적으로 자동안정화 기능을 수행한다.

② 사회복지정책의 부정적 기능

가. 빈곤함정/ 빈곤의 덫

빈곤함정(poverty trap)이란 사회복지급여에 의존하여 근로의욕을 상실하고 빈곤에 머무르는 현상을 말한다. 즉, 최저생계비 이하에 있게 되면 여러 복지 혜택을 받을 수 있으나, 그 선을 넘으면 혜택을 잃게 되기 때문에 빈곤에 머무는 것이 오히려 더 이득이 되어 공공부조 수급자로 남아 있기 위해 일을 하지 않는 계층이 존재하게 된다.

나. 낙인

낙인은 급여를 받는 사람이 급여 수급과 관련하여 느끼는 수치감 또는 치욕감을 말한다. 즉, 공공부조를 받는 것이 국가로부터 수혜를 받는 것이라고 생각하기 때문에 공공부조 수급자임이 다른 사람들에게 알려지는 것을 싫어한다.

다. 실업의 덫

실업급여나 실업부조의 급여가 취업처의 급여보다 높거나 유리할 경우 구직활동에 대한 동기나 근로동기를 약화시켜 오히려 일을 하지 않거나 실업에 머물게 한다.

라. 도덕적 해이

복지병(welfare disease)은 사회복지정책의 혜택이 높은 국가에서 정부의 도움만 믿고 스스로 노력하지 않는 사람들이 많아지는 현상을 말한다. 이와 마찬가지로 복지혜택을 받기 위해 정부의 정책을 속이고 수혜 대상자가 되려고 하는 등 도덕적으로 해이해질 수 있다.

정리하기

1. 사회복지정책의 개념
   - 사회복정책의 개념 : 사회복지+정책
   - 국가별 개념의 차이 : 영국(사회행정과 사회서비스), 독일(노동정책과 사회정책), 미국(사회보장), 북유럽(보편적 사회복지 프로그램)
2. 사회복지정책의 기능
   - 긍정적 기능 : 사회통합과 정치적 안정, 사회문제 해결과 사회적 욕구 충족, 소득재분배, 경제적 안정
   - 부정적 기능 : 빈곤함정(빈곤의 덫), 낙인, 실업의 덫, 도덕적 해이

2) 사회복지정책의 목표와 가치

(1) 사회복지정책의 목표

① 사회복지정책 목표의 개념

사회복지정책의 목표는 사회복지정책을 통해 달성하려는 미래의 바람직한 상태를 말한다. 사회복지정책의 목표를 살펴보기에 앞서 우리는 목적과 목표에 대한 구분이 필요하다. 목적은 궁극적으로 도달하여야 하는 지점, 혹은 도달하고자 하는 지점을 의미하며, 목표는 목적으로 나가는 과정에서 거치는 지점을 의미한다(고수현 외, 2016). 사회복지정책의 목표는 사회복지가 지향하는 인간의 행복, 안녕이라는 목적을 달성하기 위해 국민들의 생활의 질을 높여나가기 위한 다양한 목표들을 설정해 볼 수 있다.

목적	궁극적으로 도달하여야 하는 지점
목표	목적으로 나가는 과정에서 거치는 지점

② 사회복지정책의 목표

가. 인간의 존엄성 유지

인간의 존엄성이란 '한 개인은 인종, 종교, 연령, 성, 교육수준, 경제사회적 신분 등의 차이에 관계없이 인간으로서 존엄한 가치를 지니는 존재라는 것'을 의미한다. 1919년 바이마르공화국 헌법 규정에 생존권이 삽입되면서 거론되기 시작하였으며, 우리나라는 헌법 제34조 "모든 국민은 인간다운 생활을 할 권리를 가진다"는 조항을 근거로 인간의 존엄성을 사회복지 최고의 기본적 목표로 규정하고 있다.

나. 자립성 유지

사회복지의 이상이자 목표는 타인에 의한 의존에서 벗어나 자기 스스로 삶을 영위하는 데 있다. 자립성 혹은 자율성의 목표는 한 개인이 스스로 자신의 생활을 결정하고 영위할 수 있는 데까지 이르도록 사회복지정책실천의 목표로 정하는 것을 말한다.

다. 개인의 성장과 계발

사회복지는 인간의 문제를 해결하고 예방하는 데서부터 한걸음 나아가 한 개인이나 가정 혹은 집단이나 지역사회, 국가 등이 성장하고 발전할 수 있는 잠재력을 가진 성장 가능성을 인정한다. 사회복지의 정책목표는 모든 사람들이 제각기 능력에 따라 성장하고 발달할 수 있는 잠재력을 발휘하도록 원조하는 데 목표를 두기도 한다. 사회복지는 인간을 합리적이고 이성적인 존재로 간주하는 한편, 자신의 문제를 스스로 해결할 수 있다는 이른바 '자기결정권'의 원리를 중시하고 있다.

(2) 사회복지정책의 가치

① 사회복지정책이 지향해야 하는 가치

사회복지정책이 지향해야 할 가치로는 첫째, 사회체제 자체에 관한 가치로 자본주의, 자유민주주의, 사회주의 등 사회체제의 존재형식에 관한 사상이 있다. 둘째, 사회와 인간의 관계에 관한 가치로 개인주의, 집합주의와 같은 인간의 행동과 그 사회의 성격을 결정지어 주는 기본적 성격이 있다. 셋째, 인간과 인간의 관계에 관한 가치로 자유, 평등, 형평, 정의 등 인간사회의 궁극적 목표와 관련된 개념이 있다. 넷째, 인간 자체의 성격과 본질에 관련된 사상으로 도덕, 철학, 종교와 같은 사상이 있다.

〈표 1-1〉 사회복지정책이 지향해야 하는 가치

가 치	내 용
사회체제 자체에 관한 가치	• 사회체제의 존재형식에 관한 사상 • 자본주의, 자유민주주의, 사회주의 등
사회와 인간의 관계에 관한 가치	• 인간의 행동과 그 사회의 성격을 결정지어 주는 기본적 성격 • 개인주의, 집합주의
인간과 인간의 관계에 관한 가치	• 인간사회의 궁극적 목표와 관련된 개념 • 자유, 평등, 형평, 정의, 공익 등
인간 자체의 성격과 본질에 관련된 사상	• 도덕, 철학, 종교 사상 • 성선설, 성악설, 인간의 존엄성 등

② 사회복지정책이 추구하는 가치

가. 자유

자유는 18세기 이후 인류를 움직여 온 사회적 가치라 할 수 있다. 자유에는 소극적 자유와 적극적 자유가 있다. 소극적 자유는 기회를 강조하며, 다른 사람의 간섭이나 의지로부터의 자유를 의미한다. 여기에는 언론의 자유, 집회 및 결사의 자유, 직업 선택의 자유 등이 있다. 그리고 적극적 자유는 능력을 강조하며, 사회적 약자에게 능력을 증진시켜 선택의 폭을 넓히고 스스로 자신의 삶을 설계하고 실행해 가도록 만들어 가는 과정과 결과를 의미한다.

나. 평등

평등은 일반적으로 수량적 평등, 비례적 평등, 기회의 평등으로 분류할 수 있다(황선영, 2016). 수량적 평등(결과의 평등)은 가장 적극적인 평등으로 사회적인 자원을 개인의 욕구나 능력과 무관하게 똑같이 나누는 것을 의미한다. 비례적 평등(공평)은 개인의 노력이나 기여 정도, 능력에 부합하는 사회적 자원의 배분을 의미한다. 기회의 평등(소극적 평등)은 과정상의 기회를 똑같이 부여하되, 결과에 대해서는 고려하지 않는다.

〈표 1-2〉 평등의 분류

가 치	내 용
수량적 평등 (결과의 평등)	사회적 자원을 똑같이 나누는 것
비례적 평등 (공평)	개인의 노력이나 기여 정도 능력에 부합하게 나누는 것
기회의 평등 (소극적 평등)	누구에게나 똑같은 기회를 주는 것

다. 효율성

최소의 자원을 투입해 최대의 결과를 얻는 것으로, 사회복지정책에서의 효율은 적은 비용으로 사회구성원이 비중을 두는 가치나 목표를 최대한 달성하는 것이다. 그러나 사회구성원의 가치나 목표는 상이하며, 또한 투입된 자원과 달성된 결과를 계량화하는 것이 난제이다.

라. 적절성

사회복지정책이 대상자의 욕구를 얼마나 충족시켰는가 여부를 판단하는 기준으로 공적부조나 지급되고 있는 각종 수당이 수급자의 인간다운 생활을 보장하고 있는가를 측정한다. 국민기초생활보장법상의 소득인정액과 각종 급여가 최저생활을 영위하고 나아가 스스로의 힘으로 살아가기에 충분한 급여가 되는지 여부를 확인할 수 있다.

마. 사회정의

사회정의는 사회복지정책이 추구하는 중요한 가치로 처한 위치와 상황, 시대에 따라 사회정의를 다르게 규정하고 있다. 인간의 욕구는 유한한 자원의 속성과 맞물려 필연적으로 갈등을 야기하며, 갈등해결을 위해 누구나 인정할 수 있는 기준, 즉 사회정의가 필요하다. 롤즈(J. Rawls)는 정의론에서 '인간은 그 속성상 타인보다 많은 것을 소유하고 싶은 욕구를 가지고 있다'고 말하였다.

정리하기

1. 사회복지정책의 목표
   - 인간의 존엄성 유지
   - 자립성 유지
   - 개인의 성장과 계발
2. 사회복지정책의 가치
   - 자유 : 소극적 자유, 적극적 자유
   - 평등 : 수량적 평등, 비례적 평등, 기회의 평등
   - 효율성
   - 적절성
   - 사회정의

3) 사회복지정책의 영역과 유형

(1) 사회복지정책의 기본적 영역

사회복지정책의 영역은 사회복지를 좁게 보느냐 또는 넓게 보느냐에 따라서 어느 영역이 사회복지정책의 영역에 속하는지 여부가 달라질 수 있다. 사회복지정책의 기본적인 영역으로는 소득보장, 건강(의료)보장, 주택, 교육, 개별 사회서비스 영역을 꼽을 수 있다.

〈표 1-3〉 **사회복지정책의 기본적 영역**

영 역	내 용
소득보장정책	공공부조, 사회보험, 각종 수당제도 등
건강보장정책	국민건강보험, 의료급여, 공공보건의료서비스 등
주택정책	주택자금 대출제도, 임대료 보조, 공공임대주택 등
교육정책	학자금 지원, 영유아보육료 지원, 학교급식 등
개별 사회서비스	아동복지, 장애인복지, 노인복지 등

(2) 사회복지정책의 확장된 영역

사회복지정책의 영역을 넓게 보는 입장에서는 경제정책의 영역을 포함하여 노동시장, 조세 영역을 포함시키는 경향이 많은데, 이는 소득보장정책의 기능을 수행하기 때문이다.

① 노동시장정책

실업의 예방과 재취업 강조하며, 직업 알선 등과 같은 고용서비스, 노동시장 훈련, 고용보조금, 청년과 장애인을 위한 고용지원 프로그램 등이 있다.

② 조세정책

시장에서의 분배결과를 수정하는 재분배정책으로 그 예로는 근로장려금(소득연계형 소득지원제도), 자녀장려금(저소득가구의 자녀양육비 지원)이 있다.

(3) 사회복지정책의 유형

〈표 1-4〉 사회복지정책의 유형

유 형	내 용	대 상
공공부조	국민최저생활의 보장(경제적 실천)	빈곤선에 있는 생활보호대상자
사회보험	사회중간계층의 사회보장대책	직업을 가진 계층
사회수당	차별 없이 제공하는 보편적 프로그램	인구학적 조건을 충족하는 경우
사회서비스	소득보장 이외의 사회복지서비스	전체 국민 대상

① 공공부조

가. 공공부조의 원리와 특징

공공부조는 국가 및 지방자치단체의 책임하에 생활유지능력이 없거나 생활이 어려운 국민의 최저생활을 보장하고 자립을 지원하는 제도(사회보장기본법)이다. 공공부조의 원리는 인간다운 생활을 보장하기 위해 최저생활수준보장의 원리, 다른 법의 보호를 받은 후에도 곤란을 겪는 경우에 행해지는 보충성의 원리, 무조건적인 원조가 아니라 자립과 독립심을 촉진하는 원리, 개인의 곤란을 그 개인의 책임으로 보지 않고 사회 전반의 책임으로 보는 국가책임의 원리, 인간다운 삶 이전에 생존이라는 기본적 문제를 해결해 주기 위한 것으로 보는 생존권 보장의 원리를 가진다.

이러한 공공부조제도의 특징으로는 ㉠ 수행주체가 국가나 지방자치단체 또는 공공기관인 공적 프로그램이며, ㉡ 대상자를 일정한 조사를 거쳐 선정하기 때문에 선별적 프로그램이라고 할 수 있으며, ㉢ 정부의 원조 프로그램이며, ㉣ 최후의 사회안전망 역할을 하며, ㉤ 소득재분배기능을 하여 사회적 안정을 도모한다.

〈표 1-5〉 **공공부조의 원리와 특징**

원 리	특 징
최저생활수준보장의 원리	공적 프로그램
보충성의 원리	선별적 프로그램
자립심과 독립심 촉진의 원리	정부의 원조 프로그램
국가책임의 원리	최후의 사회안전망
생존권 보장의 원리	소득재분배 기능

나. 공공부조의 제공방식

공공부조의 제공방식으로는 보험방식, 공공부조방식, 수당방식, 조세방식이 있으며, 그 내용은 다음과 같다.

〈표 1-6〉 **공공부조의 제공방식**

제공방식	내 용
보험방식	기여금의 납부를 전제로 급여지급
공공부조방식	자산조사를 전제로 급여지급
수당방식	인구학적 요소(자녀 유무, 노령, 장애 등)
조세방식	저소득 근로가구에게 근로소득 보전

다. 공공부조의 종류

공공부조의 종류는 대상, 내용, 정기성에 따라 구분해 볼 수 있다. 대상에 따라서는 일반부조와 제한부조로 나눠볼 수 있고, 내용에 따라서는 현금급여, 현물급여, 이용증서로 나누어 볼 수 있다. 그리고 정기성에 따라서는 정기부조와 임시부조로 나누어 볼 수 있으며, 그 내용은 다음과 같다.

〈표 1-7〉 공공부조의 종류

종 류		내 용
대상	일반부조	보편적 부조
	제한부조	실업부조, 노인부조 등
내용	현금급여	일정 금액
	현물급여	물품, 서비스
	이용증서	인환권, 푸드스탬프 등 교환증서
정기성	정기부조	정기적 원조
	임시부조	(필요에 따라) 일시적·임시적 원조

② 사회보험

가. 사회보험의 개념

사회복지정책을 위해 보험의 원리와 방식을 도입하여 만든 사회경제제도로 국민에게 발생하는 사회적 위험을 보험방식에 의하여 대처함으로써 국민건강과 소득을 보장하는 제도(사회보장기본법 제3조 제2호)이다. 이는 국민을 대상으로 질병, 사망, 노령, 실업, 기타 신체장애 등으로 인하여 활동 능력의 상실과 소득의 감소가 발생하였을 때 보험방식에 의하여 보장하는 제도라고 할 수 있다.

나. 사회보험의 종류

사회보험의 종류로는 산업재해보상보험, 건강보험, 연금보험, 고용보험으로 나누어 볼 수 있다.

〈표 1-8〉 **사회보험의 종류**

종류	내용
산업재해보상보험	업무상의 재해
건강보험(질병보험)	질병과 부상
연금보험	폐질, 사망, 노령
고용보험(실업보험)	실업

③ 사회수당

사회수당은 별도의 기여 없이도 인구학적 조건(노인, 아동, 장애인 등)을 충족할 경우 자산조사를 수반하지 않고 급여를 제공하는 제도이다. 사회수당에는 가족수당, 아동수당, 장애수당, 보편적 연금, 기본소득 등이 있는데, 공공보조와 달리 경제적 수준과 무관하고, 보험료 납입과 같은 별도의 기여를 요구하지 않아 사회보험과 차이가 있다. 사회수당은 사회적 적절성을 기준으로 모든 대상에게 동일하게 지급하게 된다.

④ 사회서비스

사회서비스란 인간의 다양한 욕구에 부응하여 사람들의 삶을 행복하게 보장해 주기 위한 전문서비스로 사회보장기본법 제3조에 대상, 분야, 기능, 목적이 잘 나타나 있다.

※ 사회보장기본법 제3조

(대상) 국가·지방자치단체 및 민간 부문의 도움이 필요한 모든 국민에게
(분야) 복지, 보건의료, 교육, 고용, 주거, 문화, 환경 등의 분야에서
(기능) 상담, 재활, 돌봄, 정보의 제공, 관련 시설의 이용, 역량개발, 사회참여 지원 등을 통하여
(목적) 국민들의 삶의 질이 향상되도록 지원하는 제도

정리하기

1. 사회복지정책의 영역
   - 사회복지정책의 일반적 영역 : 소득보장정책, 건강·의료보장정책, 주택정책, 교육정책, 개별 사회서비스
   - 사회복지정책의 확장된 영역 : 조세정책, 노동시장정책
2. 사회복지정책의 유형
   - 공공부조 : 국민 최저생활의 보장
   - 사회보험 : 국민의 건강과 소득 보장
   - 사회수당 : 차별 없이 제공하는 보편적 프로그램
   - 사회서비스 : 인간의 욕구에 부응하여 삶의 행복을 보장하기 위한 전문서비스

2. 사회복지정책의 사상과 발달이론

1) 사회복지정책의 사상

(1) 자유주의

① 정치적 자유주의

자유주의는 영국혁명과 프랑스혁명의 이념을 배경으로 나타났으며, 정치적 자유주의는 형식적 자유주의 사상(법률, 사상적 부문의 자유)을 의미한다. 개인이 정신적·사회적 활동에 있어서 자유의지에 따라 행동할 수 있는 권리(보편적 인권의 신장)와 자유 시민들의 참정권 확보(보편적 시민권 신장)의 원리로 대표된다.

② 경제적 자유주의

시장에서는 자유경쟁의 원리가 적용되어야 한다는 자유방임적 사고를 바탕으로 실질적 자유주의 사상(사유재산제, 민간의 이윤추구, 민간 계약의 자유 등)을 의미한다.

아담 스미스의 "보이지 않는 손"은 경제사회는 조화로운 발전이 가능하다고 본 것으로 국가는 민간의 경제활동에 개입해서는 안 되며, 오히려 자유롭게 방임하는 것이 혼란을 막는 최선의 방법이라고 하였다.

(2) 사회민주주의

사회민주주의는 생산수단의 공적 소유와 관리를 통하여 사회를 개조하고, 민주주의적 방법을 통하여 사회정의를 실현하려는 이념이다. 사회민주주의는 평등, 자유, 우애, 민주주의, 인도주의가 중심 가치이며 시장 체제의 정의롭지 못한 분배를 시정하는 것이 정부의 역할(경제성장을 위한 정부의 책임은 필수적)이다. 사회민주주의자들은 '점진주의와 민주주의를 통한 사회주의'를 주장하고 있다.

(3) 신자유주의

신자유주의는 시장적 자유와 개인의 사적 소유권을 자연법적 권리이자 절대적 가치로 파악하고, 국가의 시장경제체제에 대한 지나친 간섭이 복지국가의 위기를 초래했다고 보았다. 자유주의와 사회민주주의의 약화에서 비롯되었으며, 자유무역과 세계화를 강조하고, 사회복지프로그램의 확대가 국민의 노동 동기 약화, 저축 및 투자의 감소, 산업생산의 위축으로 재정위기를 초래했다고 보았다.

(4) 중도노선주의

복지국가를 지향하는 태도에 있어서 비판적 수용의 입장을 나타낸다. 국가가 복지사업에서 주요 역할을 담당해야 한다는 점은 의심하지 않으나, 역할의 본질과 범위에 대해서는 비판적으로 접근되어야 한다고 생각한다. 자본주의의 효율적이고 공평한 운용을 위해서는 적절한 규정과 통제(국가개입)가 필요하지만, 근본적으로 국가의 개입은 최소화하는 것이 바람직하다고 보았다.

(5) 마르크스주의

자본주의 경제를 계급 갈등과 착취로 간주하였다. 사회경제적 측면에서 정부의 강력하고 적극적인 역할을 주장하였으며, 사회민주주의자들과 마찬가지로 자유, 평등, 우애를 중시하였다. 생산수단의 사회화를 통한 모든 국민의 복지를 향상시키는 것이 마르크스주의의 이상사회로, 보편적 평등이 달성되는 사회주의(평등주의적 공산사회)를 주장하였다.

(6) 여성주의

복지국가는 성차별 체계의 현대적 양상에 지나지 않는다는 입장과 여성친화적 국가라는 호의적 반응이 공존(양면적)한다. 복지국가는 남성들의 기득권을 약화시키는 가족정책, 양성평등 지지정책을 실시하였다고 인정한다. 그러면서 여성 특유의 욕구에 대한 배려에는 실패했음을 강조한다. 대표적으로 빈곤의 여성화(feminization of poverty), 돌보기(care) 역할은 당연히 여성의 몫이며, 개인적이고 사적인 영역에 속하는 것으로 간주하였다.

(7) 생태주의

생태주의는 공해, 오염, 보존, 보호 등 인간 중심적 사고로부터 어떻게 하면 '지속 가능한' 환경을 지킬 것인가에 초점을 두고 있다. 평등, 상호보완성, 자율성, 연대성의 가치를 중요시하였다. 지배와 복종, 억압과 차별, 빈부격차, 환경파괴 등의 문제를 해결하고, 대안적 사회를 이룩하기 위해 지배가 아닌 공존, 획일성이 아닌 다양성, 시장경쟁이 아닌 나눔의 공동체를 만드는 것을 목표로 한다(김영화 외, 2016).

정리하기

1. 사회복지정책의 사상
   - 자유주의 : 정치적 자유주의/경제적 자유주의
   - 사회민주주의
   - 신자유주의
   - 중도노선주의
   - 마르크스주의
   - 여성주의
   - 생태주의

2) 사회복지정책의 발달근거이론

사회복지정책의 발달근거이론을 살펴보기에 앞서, 이론이 만들어지는 배경에 대해서 알아볼 필요가 있다. 이론은 인과론적 이론과 목적론적 이론으로 나누어 살펴볼 수 있는데, 인과론적 이론은 현상의 원인과 결과에서 비롯되며, 목적론적 이론은 목적과 이념에 따라서 이론이 만들어지게 된다. 그리고 인과론적 이론은 다시 기능주의 이론과 갈등주의 이론으로 나뉘는데, 기능주의 이론은 산업화라는 사회구조의 변화에 대응하기 위해서 생겨난 이론(기능적 필요에 의해서)이며, 갈등주의 이론은 집단갈등의 결과 또는 그 갈등에 대응하기 위해서 만들어진 이론이다.

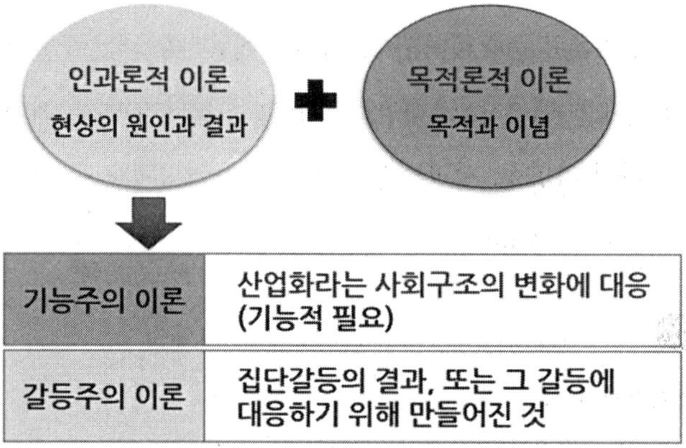

[그림 1-2] 사회복지정책의 근거 이론

(1) 사회양심이론

사회양심이론은 사회적 양심이 확산되어 박애주의자나 사회사업가의 지지에 의하여 사회복지제도와 사회복지정책이 발전하였다. 선(善)이란 '인간의 본성'임에도 불구하고 사회복지정책을 양심적 산물로만 볼 수 없다는 비판을 받기도 하지만 사회서비스 측면에서 더욱 확대되고 제도화되고 있어 사회통합의 기초를 이루고 있다고 할 수 있다.

(2) 산업화이론

산업화이론은 산업화를 통해 필연적으로 야기되는 각종 사회문제에 대응하기 위해 사회복지제도가 형성되었다는 이론이다. 경제발전이 상당한 수준에 도달하게 되면 사회복지가 유사한 형태로 수렴된다는 이론(수렴이론)으로 제도의 도입 과정에서 사회구성원들의 갈등과 정치적 상황이 제대로 반영되지 않았다는 비판을 받기도 한다.

(3) 합리이론

합리이론에 의한 복지제도의 발달이론은 산업화에 따른 사회문제 해결을 합리적으로 처리하기 위한 제도와 방법을 찾는 과정에서 사회복지정책이 발전되었다고 가정한다. 이는 특정 사안(事案), 특정 집단의 불이익이나 고통이 사회문제화 되지 않을 시 그 이유를 밝힐 수 없다는 비판을 받고 있으며, 합리적이라고 생각되는 사회복지제도가 사회변동의 원인이 될 수 있다는 점 또한 지적된다.

(4) 시민권이론

시민권이론은 시민의 권리에 의해서 복지제도가 진화되고 발전하였다고 본다. 18~19C에는 공민권(법 앞의 자유와 평등 보장), 21C에 들어오면서는 정치권(투표권과 정치적 참정권)이 확립되었으며, 이어 사회권(복지권, 개인의 생활수준 보장)이 확립되었다는 것이다. 그러나 직업복지나 민간복지 등의 영역 변천에 대해서는 설명할 수 없으며, 공공서비스와 계층별 뷰배체계가 시장경제에 모순을 간과한다는 비판을 받기도 한다.

(5) 확산이론

확산이론은 한 국가의 사회복지정책은 인접하거나 긴밀한 관계를 맺고 있는 국가에 영향을 미치므로 사회복지정책의 확대 과정은 국제적 모방 과정이라고 가정한다. 독일의 사회보험이 유럽의 인접국가로 빠르게 전파된 경우나 일본의 여러 제도들이 우리나라로 도입된 경우를 그 예로 볼 수 있다.

○ 위계적 전파 : 선진국에서 후진국으로 전파
○ 공간적 전파 : 인접한 주변국을 중심으로 전파

(6) 국가중심이론

국가중심이론은 사회복지정책의 산출이 문제집단의 요구를 반영한 것이 아니라 독립된 위치에 있는 국가가 문제를 인식하고 대안을 찾는 일련의 정책과정이라고 생각하는 이론이다. 이 이론에서는 국가의 리더 역할을 강조하는데 그 예로 1930년대 미국의 뉴딜정책을 들 수 있다. 국가중심이론은 현대사회의 패러다임인 다원주의 체제를 부정하고 이익집단의 조정역할을 간과한다는 비판을 받고 있다.

(7) 테크놀로지이론

테크놀로지이론은 복지 관련 전문관료들의 전문기술에 의해 사회복지제도가 발전되고 확산되었다는 이론이다. 물론 행정가들의 전문성이 더욱 효과를 발휘하고 기술적으로 사회복지정책분야 발전에 기여하고 있지만 인간과 사회의 역동적 변화를 일반적으로 설명하기 어렵고, 계층과 이해집단의 가치기준을 설명할 수 없다는 비판이 제기된다.

(8) 사회정의이론

사회복지정책이 사회정의의 개념 변화로 이루어졌다고 보는 이론으로 봉건시대의 사회정의는 기득권 보호가 1차적이었고, 극빈자의 몫은 2차적이었으나, 시장체계라는 사회적 변화에 적응하기 위한 '분배적 정의' 개념이 확산되면서 복지제도 발전에 영향을 미친 이론이라고 할 수 있다.

(9) 음모이론

음모이론은 기득권 유지와 사회안정을 위해 사회통제를 목적으로 한 음모적 배려를 사회복지정책으로 이해하는 이론이다. 즉, 사회복지제도 발전은 진화과정이 아니라 개선과 악화를 왕복하는 것으로 해석하며 정책결정자의 의도(음모)로 인해 사회적 현상을 과소평가하여 비도덕적 결과를 초래할 수 있다고 본다.

(10) 종속이론

종속이론은 제2차 세계대전 이후 식민국가들의 복지제도를 설명하려는 이론으로서, 식민국가가 종주국의 이익에 도움이 될 수 있는 방향으로 사회복지제도가 운영되었고, 독립 이후에도 그 제도 등이 그대로 모방되거나 유지되는 현상을 말한다. 우리나라가 일제강점기와 미군정기를 거치면서 사회복지정책이 그대로 유지되어 온 것이 종속이론의 예가 될 수 있다. 하지만 자국의 잠재력과 민족사에 대한 정확한 이해를 방해할 소지가 있는 발달이론이라고 할 수 있다.

정리하기

1. 사회복지정책의 발달근거이론
   - 사회양심이론, 산업화이론, 합리이론, 시민권이론, 확산이론, 국가중심이론, 테크놀로지이론, 사회정의이론, 음모이론, 종속이론

3) 사회복지정책의 형성과정이론

(1) 다원주의이론

다원주의는 개인과 집단의 이익 대결과 갈등을 정부가 공정하고 종합적인 입장에서 조정한 결과로서의 균형을 의미한다. 정책의 내용과 형태는 이익집단과의 상대적 영향력의 정도에 따라 달라지며, 집단의 영향력은 구성원의 수와 능력, 재원, 조직력, 지도자의 리더십, 정책결정자에 대한 접근 가능성, 내적 결속력 등에 의해 결정된다고 한다.

(2) 엘리트이론

엘리트이론은 사회는 엘리트와 대중으로 구분되며, 엘리트들이 자신들의 이익을 위해 사회복지정책을 도입한다는 이론이다. 사회는 엘리트집단을 정점으로 한 피라미드 구조로 이루어져 있으며, 정책이 엘리트로부터 대중에게 일방적·하향적으로 전달되고 집행될 뿐, 엘리트에 대한 대중의 요구와 비판은 수용되지 않는다는 것이다.

※ 엘리트
행정관료, 부자, 기술전문가, 지식인 등 사회적으로 힘을 가진 자

(3) 이익집단이론

이익집단이란 공통의 목적을 가지고 공공정책에 영향을 미치기 위해 노력하는 개인들의 조직체를 말한다. 이익집단이론은 같은 입장과 이익을 중심으로 집단이 형성되며, 집단행동을 통해 이익을 산출한다고 한다. 이 이론에서 사회복지정책은 자본과 노동 간의 대립이 아닌, 이익집단들 간의 갈등과 타협의 산물로 간주되며, 비공식적인 소집단이나 조직부터 국가적 규모의 단체나 조직을 포함하여 상당히 다양하다고 볼 수 있다.

(4) 코포라티즘(조합주의)

코포라티즘은 다원주의의 변종, 자본과 노동에 대한 국가의 통제방식을 의미한다. 거대한 노조가 출현하여 사용자와 대등한 수준에서 임금과 근로조건 등 노사 간의 주요 현안을 협상하고 정부가 이를 중재하며, 나아가 물가와 복지 등의 문제를 정부와 노사 간에 상의·결정하는 삼자협동주의에서 출발하였다. 정책형성과정에 있어서 국가가 능동적이고 적극적인 주도권을 행사한다는 특징이 있다.

윌렌스키(Wilensky, 1983)는 현대의 코포라티즘을 세 가지 유형으로 구분하였다.

〈표 1-9〉 **현대의 코포라티즘 유형**

유 형	내 용
민주적 코포라티즘	• 조직력이 강한 이익집단들이 협의기구를 통해 협의·결정하는 체제 • 독일, 네덜란드, 스웨덴, 노르웨이 등
노동자계급의 참여 없는 코포라티즘	• 노동을 배제한 준(準)공적인 권위주의 체제 • 일본, 프랑스, 스위스 등
분절된 코포라티즘	• 이익집단의 기득권 유지(편협한 이해관계) • 미국, 영국, 캐나다, 호주 등

(5) 페미니즘(여성주의)

페미니즘은 여성 억압의 원인과 상태를 기술하고, 여성 해방을 궁극적 목표로 하는 운동으로 19세기 중반에 시작된 여성참정권 운동에서 비롯되었다. 이 이론은 복지국가의 주요 목표와 역할은 '남성이 여성에 대한 지배를 강화하기 위한 것'으로 보았으며, 기혼여성의 취업은 직장생활과 주부 역할의 병행을 강요하는 것이라고 주장하였다.

(6) 마르크시즘(마르크스주의)

마르크시즘은 자본주의 사회에서 국가란 하나의 중립적 기관이나 조직이 아니라, 계급 지배에 기여하는 도구로 간주한다. 국가는 지배계급이나 부르주아계급의 장기적 이익에 봉사하는 도구로서 활동하는 것이라 해석되며, 구체적인 형태가 정책으로 표현되는 것이라고 보았다.

정리하기

1. 사회복지정책의 형성과정이론
   - 다원주의이론
   - 엘리트이론
   - 이익집단이론
   - 코포라티즘(조합주의)
   - 페미니즘(여성주의)
   - 마르크시즘(마르크스주의)

3. 사회복지정책의 역사적 발전

1) 빈민법 시대

(1) 시대적 배경

'출생이라는 단 하나의 사실'이 자신의 운명을 결정하며 부와 빈곤은 변경할 수 없는 신분에 의해 결정된다고 본다. 빈곤이 사회문제로 인식되지 못하였는데 자연적이고 변하지 않는 문제는 사회문제로 인식되지 못하였다. 빈민은 자신의 운명에 만족하고 있었고, 설령 만족하지 않더라도 기존의 사회질서에 도전하는 일은 없었다. 빈민법은 봉건제가 쇠퇴하고 절대주의 국가가 성립하면서 등장하였다. 농촌 노동력에 대한 국가 통제에 초점을 둔 정책으로 노동력을 중시한 중상주의적 사회정책이 시행되던 시기였다.

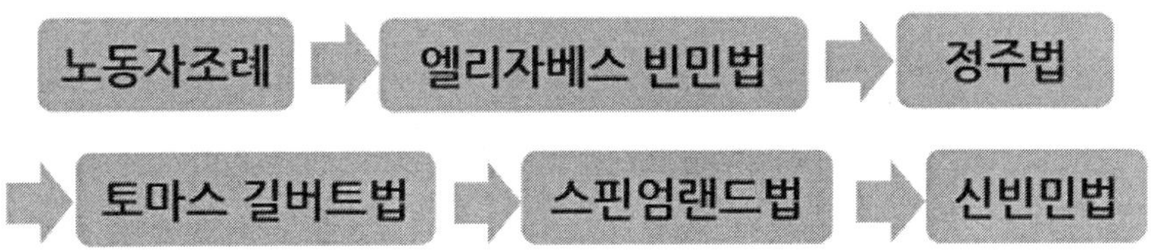

[그림 1-3] 영국 빈민법의 주요 변천 과정

① 노동자조례(1349)

빈민을 대상으로 국가수준에서 만들어진 최초의 법률로 빈곤문제에 대한 행정적 대응의 기원이 되었다. 이는 노동자의 임금상한선을 규정하고 강제하고 노동력의 이동을 금지하는 내용이다. 빈민법은 흑사병에 의한 노동인구의 격감을 배경으로 만들어졌는데 1348년 흑사병이 유럽대륙과 영국을 덮쳐서 감염된 사람의 90%가 사망하였고, 인구는 절반 수준으로 떨어져 노동자의 부족으로 임금이 상승하여 지주들의 요청으로 만들어졌다.

노동자조례 (1349)	걸식과 부랑 금지, 임금억제
빈민법 (1388)	임금고정, 노동력의 이동 금지
걸인·부랑자 처벌법(1531)	영국 최초의 빈민구제 법률(구걸 허가증)
건장한 빈민·걸인처벌법 (1536)	교구 구빈세 징수, 국가의 빈민구제 의무
빈민규제법 (1576)	빈민 강제노동법, 작업장(교정원)

[그림 1-4] 빈민법의 변화

② 엘리자베스 빈민법(1601)

인클로저, 흉작, 귀금속의 대량 유입에 따른 극심한 인플레이션으로 부랑자가 증가하면서 빈민 구제의 책임이 국가에 있다고 인식하게 되었다. 이에 엘리자베스 빈민법은 빈민을 3단계로 분류하였다.

> ※ 빈민의 분류
> - 노동능력이 없는 빈민 → 구빈원 수용
> - 노동능력이 있는 빈민 → 교정원 또는 작업장에서 강제노역
> - 아동 → 도제

③ 정주법(1662)

1660년대부터 농촌의 인구가 도시로 유입되었고, 도시에서 일자리를 찾지 못한 빈민들은 빈민들에 대한 처우가 좋은 교구로 옮겨 다니면서 부랑생활을 하게 되었다. 이에 빈민의 소속 교구를 명확히 하고, 도시 유입을 막기 위해 제정된 이동금지법이다. 정주법의 정주조건은 출생, 결혼, 도제, 상속에 의해 결정되었으며, 이주조건은 교구 내 토지를 소유하고, 1년에 금화 10파운드를

지불해야 했다. 그러나 빈민들의 도시 유입은 산업화의 불가피한 현상으로 노동력의 도시 유입을 막지는 못하였다.

④ 토마스 길버트법(1782)

토마스 길버트법은 빈민의 부랑 억제와 이윤획득을 목적으로 만들어진 작업장법(1722)이 억압과 통제 위주의 가혹행위에 대한 비판여론이 확산되면서 이러한 상황에 대한 작업장의 개선을 요구하면서 만들어졌다.

길버트는 일할 능력이 있는 빈민들은 구빈원 입소 대상에서 제외시키고, 적합한 일자리가 주어지도록 하였다. 그리고 몇 개의 교구가 연합하여 구빈원을 설립하도록 허용하였으며, 유급사무원도 채용하였다. 또 구빈감독관들에게 근로가 가능한 빈민들에게 일자리가 제공될 때까지 생계를 보호하고 구제를 제공할 책임을 부여하였다. 이 법에 의해 기존의 비인도적이고 비위생적이던 작업장이 인도적인 구빈제도로 평가받고 있으며, 작업장 입소자에 대한 과도한 착취를 억제하게 되었다.

⑤ 스핀엄랜드법(1795)

스핀엄랜드법은 최초로 생계비 지수가 적용(버크셔의 시장, 1785)되었다. 빵의 가격과 가족의 수를 고려하여 빈민구제 수준을 결정하였으며, 곡물가격의 변동에 대처한 빈민 구제가 목적이었다. 생계비와 가족 수에 연동한 수당을 지급(빈곤선의 원조)하여 저임금 노동자의 임금을 보충하였다. 그리고 노령자, 불구자, 장애인에 대한 원외 구호가 확대되었으며, 경제적 파급효과와 빈민 구제에 따른 낙인이 존재하지 않는 인도주의적·자비적인 법으로 평가되고 있다.

⑥ 신빈민법(1834)

신빈민법은 구빈비용을 경감시키기 위해 스핀엄랜드법의 폐지와 함께 노동이 가능한 자는 작업장에 배치할 것을 건의하면서 작업장 시대로 회귀시켰다.

※ 신빈민법의 행정체제의 3대 원칙
- 균일처우의 원칙(행정의 전국적 통일)
- 열등처우의 원칙(빈민구제는 노동자의 생활수준 이하)
- 작업장 수용의 원칙(원외구호 폐지)

정리하기

1. 빈민법 시대
   - 시대적 배경 : 15~19세기 중반, 절대왕조가 성립되고 국가가 빈민 구제의 책임을 지고 빈민법을 제정하던 시기
   - 빈민법의 주요 변천 과정 : 노동자조례 → 엘리자베스 빈민법 → 정주법 → 작업장법 → 길버트법 → 스핀엄랜드법 → 신빈민법

2) 사회보험 시대

(1) 시대적 배경

① 19세기 후반기의 유럽

19세기 후반기의 유럽은 자유방임주의적 사고가 만연하였으며, 사회적 약자로서 빈민은 도태되는 것이 당연하고, 그들을 돕는 자선활동도 중단되어야 한다고 생각했다. 그러나 많은 사람들은 여전히 빈민을 돕기 위한 활동을 지속적으로 전개하였다.

- 로버트 오웬(Robert Owen) - 협동조합운동(박애사상 실천)
- 옥타비아 힐(Octavia Hill) - 불량주택 개량운동
- 사무엘 바네트(Samuel Barnett)와 아놀드 토인비(Arnold Toynbee) - 인보관 운동
- 찰스 부스(Charles Booth)(런던시)와 시봄 라운트리(Seebohm Rowntree)(요크시) - 빈곤조사

〈표 1-10〉 **19세기 후반의 시대적 상황**

국 가	내 용
영 국	사회개량운동, 사회조사, 자선조직운동
독 일	사회부조법 제정 후, 사회보험법 제정
미 국	남북전쟁 후 급속한 경제적 성장, 세 차례 경제공황과 불경기로 구제비용 급증

② 20세기 전반기의 유럽

20세기 전반, 영국에서는 왕립구빈법위원회에서 빈곤은 개인의 책임이라며 신구빈법의 고수를 주장하는 다수파 보고서와, 빈곤은 사회적 책임이므로 신구빈법은 폐지되어야 한다고 주장하는 소수파 보고서가 제출되었다. 전쟁으로 기존의 구빈법의 한계를 느끼자 새로운 빈민 구제 정책이 필요했고 베버리지보고서가 국민들의 지지를 받게 되었다. 전쟁 후 집권한 노동당은 처칠과 조지 등을 중심으로 다양한 사회입법을 추진하게 된다.

미국의 경우, 개인주의 사상이 만연함에도 불구하고 경제공황에 대처하기 위한 사회보장제도의 수립으로 사회보험, 공공부조, 복지서비스의 세 가지 프로그램을 체계화하여 사회보장을 법제화하였다.

〈표 1-11〉 **20세기 전반의 시대적 상황**

국 가	내 용
영 국	사회개량적 입법 추진(독일의 영향)
독 일	실업보험제도 등 입법, 사회보험 국가
미 국	세계 1위 경제대국, 진보와 개혁의 시대, 1930년 경제공황으로 사회보장제도 마련

(2) 영국의 사회보험 제도

영국은 자유주의자(보수당)들이 총선에서 승리한 직후, 집중적으로 사회입법들을 제정하기 시작한다.

- 1906년 - 노동쟁의법, 교육법(아동급식)
- 1907년 - 교육법(아동보건)
- 1908년 - 노령연금법, 탄광규제법
- 1909년 - 직업소개소법, 노동위원회법, 주택・도시계획법
- 1911년 - 국민보험법
- 1920년 - 국민보험법의 분리(건강보험법, 실업보험)

(3) 독일의 사회보험 제도

독일은 중상주의적 사상, 자유주의적 사상이 강하였으며, 비스마르크 시대에 세계 최초의 사회보험을 입법한다.

- 1883년 - 질병보험
- 1884년 - 근로자 재해보험(산재보험)
- 1889년 - 양로 및 폐질보험
- 1927년 - 실업보험

(4) 미국의 사회보험 제도

미국은 개인주의적 사상, 진보주의적 사상이 강하였으며, 자유주의자들이 경제위기에 대응한 위로부터의 제도화가 추진되었다.

- 1935년 - 사회보장법 : ① 실업수당, ② 노령, 유족, 건강 및 장애보험 (OASDHI)
  - 공공부조
  - 보건 및 사회복지서비스

정리하기

1. 사회보험 시대
   - 19세기 후반 : 자유방임주의적 사고로 자선활동이 중단되었으나, 협동조합 운동, 불량주택 개량운동, 인보관 운동, 빈곤조사 등 실시
   - 20세기 전반 : 자유주의 사상, 구빈위원회 보고서
   - 영국 : 자유주의자(보수당)의 총선 승리 직후, 집중적 사회입법 추진
   - 독일 : 비스마르크 - 세계 최초의 사회보험 입법
   - 미국 : 사회보장법(사회보험, 공공부조, 보건 및 사회복지서비스)

3) 복지국가 시대

(1) 시대적 배경

① 경제공황

1920년대 말과 1930년대의 세계 경제대공황은 생산의 중단과 이로 인한 엄청난 수의 실업자의 발생으로 이어져 진보정당(노동당, 민주당, 사회민주당)들이 권력을 장악하게 된다. 이때 '뉴딜정책', '사회계약', '역사적 타협' 등으로 불리는 자본과 노동 사이의 사회협약도 체결하게 되면서 복지국가로의 대폭적인 확대를 도모하게 된다.

② 베버리지보고서 발간

영국은 전쟁이 종료되면 병사와 시민들의 사기앙양을 위한 국가 재건 프로그램이 필요하다고 생각하고, '사회보험과 관련 서비스에 관한 위원회'를 출범시켜 논의하게 하였다. 위원으로 참여한 베버리지(Beveridge)는 최저생계수준의 가족수당, 보편적인 국민보건서비스, 완전고용 유지, 모든 사회적 위험을 포괄하는 보편적인 갹출제 사회보험제도 등을 보고서에 담았다. 이는 "요람에서 무덤까지의 사회보장"을 의미하며 국민적 지지를 얻게 된다.

③ 제2차 세계대전

세계적 규모의 전쟁은 수많은 사상자와 빈민을 양산하면서 기존 빈민법으로는 한계가 있었다. 이에 제2차 세계대전 후(1945) 정권을 잡은 영국의 노동당 정부는 기간산업의 국유화와 경제의 계획화를 바탕으로 한 혼합 경제를 추진하게 되고, 광범위한 사회보장과 완전고용 실현을 목표로 베버리지보고서를 통해 영국의 사회보장체계를 구체화시켜 나간다.

(2) 복지국가의 등장

복지국가의 사상적 배경은 공산주의이며, 사상적 중심에는 사회민주주의가 있었다. 1930년대 후반, 알프레드 지먼(Alfred Zimmern)의 '권력국가'에 대비하여 '복지국가'라는 용어가 최초로 사용되었으며, 1941년 윌리엄 템플(William Temple)이 '전쟁국가'와 대조시켜 '복지국가'라고 부르면서 일반적으로 사용되었다. 그리고 1942년 베버리지의 「사회보험과 관련 서비스」라는 보고서를 발표하면서 복지국가가 주목받기 시작하였다.

(3) 국민보건서비스(NHS)

국민보건서비스는 전시응급의료서비스(EMS)를 계승한 것으로 보편적인 보건의료서비스의 필요성에 대한 관심에서 촉발하였다. 정부가 국민 보건을 책임지고 의료 서비스를 무상으로 제공하는 것을 주요 내용으로 병원의 국유화와 병원 의사들의 국가 공무원화가 핵심이다. 병원은 중앙정부의 직접적인 통제하에 두고, 지방정부는 지역사회 간호 및 방문간호, 학교 보건, 환경 보건, 예방의학 등 지역사회 보건서비스를 책임진다.

(4) 국민부조법

이 법의 부제는 '기존의 빈민법을 종료시키는 법'으로, 법 제1장 첫머리에 "기존의 빈민법을 폐지하는 효과를 갖게 된다"라고 명기함으로써 빈민법의 대체입법임을 분명히 하였다. 이 법에서는 '공공부조'라는 용어 대신 '국민부조'라는 용어를 사용하였으며, 현금급여와 자산조사, 지방정부의 주택복지 및 비거택보호서비스를 규정하였다. 주택복지는 보호가 필요한 사람에게 거처를 제공하고, 비거택보호서비스는 일거리, 여가시설 등을 제공하였다.

(5) 복지국가의 의의

전쟁으로 인한 해외투자분 매각, 상선의 파괴로 수입 감소, 군수품 생산을 위한 해외 수출 감소 등으로 심각한 재정난을 겪고 있던 정부는 전쟁이 종료되면서 대외 부채에서 벗어나 복지에 소요되는 재정을 마련할 수 있게 되었고 이는 사회복지의 확대를 가능하게 하였다. 복지국가는 사회적 혁명의 성취가 아니라, 기존 사회복지제도의 확대와 수정으로 가능하였으며 전쟁 직후 처음으로 집권한 노동당 정부가 전쟁으로 지친 국민들에게 복지국가를 선물했다는 의의가 있다.

정리하기

1. 복지국가 시대
   - 시대적 배경 : 경제공황, 베버리지보고서 발간, 제2차 세계대전
   - 복지국가의 등장
     : 전쟁국가, 권력국가에 대비되는 용어
     : 국민보건서비스(NHS)와 국민부조법으로 복지국가의 기틀 마련

4. 복지국가와 사회복지정책

1) 복지국가의 위기와 재편

(1) 시대적 배경

① 노동당 정부의 경제정책 실패

1973년 석유파동(oil shock) 이후 경제 성장률이 떨어지고 스태그플레이션(물가상승, 실업률 증가)이 발생하여 경제 혼란은 국가-자본-노동 간의 화해적 정치구조에 치명적인 균열을 야기하였다. 이에 케인즈주의를 포기하고 통화주의 경제정책을 펼치게 된다.

케인즈주의	국가의 개입을 통한 경제 활성화
통화주의	화폐 공급을 억제하여 경제의 자율성 회복

② 정권의 교체

복지국가에 대한 국민들의 지지가 약화되면서 정당성의 위기로 집권 정당들이 교체된다. 새로 집권한 정당들은 신자유주의에 기반한 복지 개혁을 추진한다.

- 영국(1979년) : 노동당 → 보수당(마거릿 대처)
- 미국(1980년) : 민주당 → 공화당(로널드 레이건)

(2) 복지국가의 위기

복지국가는 1970년대 중반 이후의 악화된 경제상황과 국가부문 확대에 따른 비효율과 정부의 정치적 파산 가능성, 사회복지 수요와 지출은 증가하였으나, 조세 수입의 한계로 정부재정의 적자 발생으로 국민들이 복지국가에 대한 지지를 철회하면서 위기가 찾아왔다.

(3) 복지국가의 위기를 바라보는 관점

신보수주의 관점에서는 국가의 사회복지에 대한 지나친 지출이 위기를 초래하였으며, 자유경쟁체제로의 복귀를 해결방안으로 제시하였다. 마르크스주의 관점에서는 자본주의의 기본적인 모순(자본 축적과 정당화의 괴리)으로 인한 필연적인 결과로 보았고, 실용주의 관점에서는 복지국가 발전과정에서 나타난 시행착오와 상황의 변화로 인한 일시적인 현상으로 보았다.

(4) 복지국가의 재편

복지의 민간 공급 장려와 복지정책의 민영화, 국가의 복지 개입 범위 최소화, 선별적인 자원 활용과 자산 조사를 통한 복지급여, 사회보험의 범위 제한 등을 통해 정부재정 규모 축소 등 사회복지정책의 변화를 가져왔다. 이는 국민의 복지에 대한 국가 책임 원칙 → 개인 책임 원칙으로, 보편주의적 원칙 → 선별주의적 원칙으로, 국민의 최소한의 생활보장 → 열등처우의 원칙으로 재편된 것을 의미한다.

(5) 복지국가의 새로운 흐름

① 제3의 길

블레어의 노동당은 사회민주주의와 신자유주의로부터 차별화된 전략을 채택한 경제정책 기조로 제3의 길을 내세운다.

〈표 1-12〉 경제정책 기조의 변화

국 가	내 용
제1의 길	고복지–고부담–저효율의 사회민주주적 복지국가
제2의 길	고효율–저부담–불평등의 신자유주의적 시장경제
제3의 길	시민들의 사회경제생활 보장과 시장의 활력을 높이는 일하는 복지

② 사회투자국가

사회투자국가는 공동체의 윤리(기회와 안전)와 시장경제의 역동성(성장과 생산)을 결합하고자 하는 전략으로 사회투자 전략은 경제적 기회의 확대가 경제번영의 원천일 뿐만 아니라 사회정의의 토대가 된다고 확신하였다. 1990년대 중반 이후 유럽과 북미지역을 중심으로 '적극적 노동시장정책', '근로연계복지' 등의 확대를 긍정적으로 해석하면서 확산된 새로운 흐름이다.

③ 새로운 사회적 위험

후기 산업사회를 맞이하며 세계는 인구의 고령화와 더불어 다양한 사회문제들이 등장하였다. 여성의 근로참여가 증가하였고, 근로빈곤층도 증가하였다. 그리고 다양한 사회문제가 대두됨에 따라 복지비용은 증가하였고, 일과 가정의 양립, 계층 간 소득불평등, 소득 보장의 약화 등으로 복지재정에도 한계가 왔다.

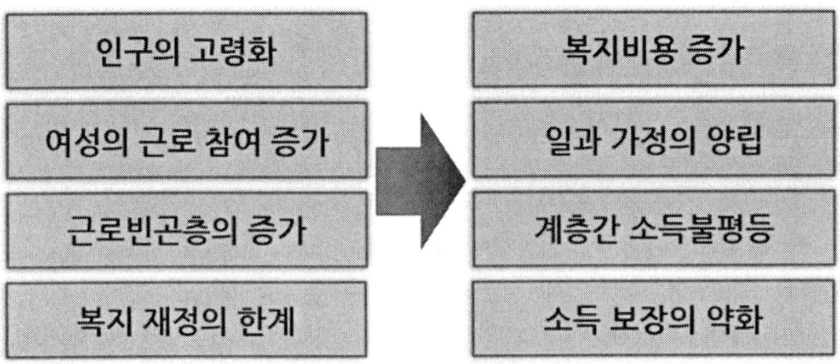

[그림 1-5] 새로운 사회적 위험

정리하기

1. 복지국가의 위기와 재편
   - 시대적 배경
     : 노동당 정부의 경제정책 실패(석유파동, 스태그플레이션)와 정권 교체
   - 사회복지정책의 변화
     : 복지정책의 민영화, 개인책임, 선별주의, 열등처우의 원칙으로 회귀
   - 복지국가의 새로운 흐름
     : 제3의 길, 사회투자국가, 새로운 사회적 위험

2) 사회복지정책의 이념적 모형

(1) 윌렌스키와 르보(Wilensky & Lebeaux)의 2분 모형

① 잔여적 모형

잔여적 모형은 보충적, 선별적 모형으로 보완적, 임시적, 이차적인 기능을 수행한다. 초기 산업사회와 자유주의 국가에서 나타나며, 가족 또는 시장이 정상적 공급 기능을 제대로 발휘하지 못하는 경우, 사회복지가 개입하여 안전망의 기능을 수행한다. 국가는 요보호대상자에게 사회적 최저한의 급부를 제공하는 역할만 수행한다.

② 제도적 모형

제도적 모형은 보편적 모형으로 후기 산업사회의 복지국가에 나타나며, 현대 산업사회에서 가족과 시장이 근본적으로 제 역할을 할 수 없기 때문에 사회 유지를 위해서 사회복지가 제도적이고 근본적인 기능을 수행한다. 국가의 적극적인 개입을 통해 사회복지를 구현하고, 사회보험, 보편적 사회복지 프로그램을 강조한다.

〈표 1-13〉 **잔여적 모형과 제도적 모형 비교**

구 분	잔여적 모형	제도적 모형
이 념	선별주의	보편주의
대 상	사회적 취약계층	전체 사회구성원
주 체	민간의 자발적 활동 장려	국가
책 임	개인의 책임	사회의 책임
기 제	가족, 시장	국가의 복지제도
기 간	일시적, 한정적, 보완적	항시적

(2) 티트머스(Titmuss)의 3분 모형

① 보완적 모형

보완적 모형은 잔여적, 선별적 모형으로 윌렌스키와 르보의 잔여적 개념과 동일하다. 공적부조나 요보호대상자들을 대상으로 하며, 사회복지는 사회의 최저한의 경계선상에서 헤매는 빈곤자나 요보호자들에게 급부를 주는 역할을 한다. 공공부조 프로그램을 강조한다.

② 산업 성취수행 모형

산업 성취수행 모형은 잔여적 모형과 제도적 모형의 중간으로 산업주도형 모형, 산업복지형 모형이라고도 불린다. 사회복지를 경제성장의 수단으로 활용하는 시녀형 모형으로 시장경제 원리에 따라 생산성·효율성 중심의 사회 구성(업적, 신분 향상, 작업수행 등)을 목표로 한다. 사회보험 프로그램을 강조한다.

③ 제도적 재분배 모형

제도적 재분배 모형은 사회복지는 주로 보편적 욕구 충족을 기반으로 하여 시장 경제 밖에서 보편적·선택적 서비스를 제공하는 기본적이고 종합적인 제도이다. 시장에서의 지위와 관계없이 급여를 제공하고, 개인의 능력이 아니라 욕구에 따라 평등하게 재분배한다. 보편적 프로그램을 강조한다.

(3) 조지와 윌딩(George & Wilding)의 4분 모형(이데올로기 모형)

① 반집합주의 모형

반집합주의 모형은 보충적 모형과 유사하며 자유방임주의적 이념에 바탕을 두고 있다. 사회적 가치는 자유, 개인주의, 불평등으로 국가의 개입은 최소로 하고, 복지혜택은 최저생계비 이하의 빈곤층에 한정하는 것을 의미한다. 국가 온정주의와 정치적 안정 유지를 위한 최소한의 복지로 신구빈법(1934)이 반집합주의에 입각한 대표적인 사회정책이다.

② 소극적 집합주의 모형

소극적 집합주의 모형은 수정자유주의 이념에 바탕을 두고 있다. 사회적 가치는 개인주의, 자조, 사적 기업으로 자본주의적 기본요소는 유지하면서 지나친 불평등은 없애고자 했으며, 적절한 국가 개입에 의한 최소한의 사회보장과 소극적인 평등을 주장하였다. 국가 개입의 방법과 범위는 상황에 따라 결정된다는 실용주의적 입장이다.

③ 페이비언 사회주의 모형

페이비언 사회주의 모형은 소극적 집합주의와 마르크스주의의 중간 영역으로 사회민주주의 이념에 바탕을 두고 있다. 사회적 가치는 평등, 자유, 우애사상으로 민주주의와 인도주의에 기초를 두고 복지국가의 실현을 통해 빈곤퇴치와 불평등을 해결하고 자본주의의 개혁을 강조한다. 사회적 권리로서 복지를 누릴 수 있는 적극적 자유를 의미한다.

④ 마르크스주의 모형

마르크스주의 모형은 사회주의 이념에 바탕을 두고 있다. 사회적 가치는 자유, 평등, 이타주의이며, 반집합주의와 완전히 반대되는 견해를 보인다. 자본주의 사회에서의 사회복지는 경제체제에서 기인하는 문제를 단순히 청소하는 제도이다. 사회주의 혁명을 통해 빈곤퇴치와 불평등을 없애자고 주장한다.

정리하기

1. 윌렌스키와 르보의 2분 모형
   – 잔여적 모형, 제도적 모형
2. 티트머스의 3분 모형
   – 보완적 모형, 산업 성취수행 모형, 제도적 재분배 모형
3. 조지와 윌딩의 4분 모형
   – 반집합주의 모형, 소극적 집합주의 모형, 페이비언 사회주의 모형, 마르크스주의 모형

3) 복지국가의 유형

(1) 에스핑-앤더슨(Esping-Andersen)의 복지국가 모형

① 자유주의 복지국가

자유주의 복지국가는 소득조사에 의한 공공부조 프로그램을 강조하며, 탈상품화 및 복지의 재분배 효과가 미약하다. 급여는 저소득층에 초점을 두며, 자격기준은 까다롭고 엄격하여 낙인을 부여하는 방식이다. 다차원의 사회계층 체제를 만들어 내며 미국, 캐나다, 호주 등이 여기에 해당된다.

※ 탈상품화

근로자가 자신의 노동력을 상품으로 내다 팔지 않고도 살 수 있는 정도, 즉 노동시장에서 일을 할 수 없는 상황에 처했을 때 국가가 어느 정도 수준의 급여를 제공해 주는가의 정도

② 보수주의(조합주의) 복지국가

보수주의(조합주의) 복지국가는 사회계층 유지를 기본목표로 하기 때문에 탈상품화 효과는 일정한 한계가 있다. 직업별, 계층별로 구분된 사회보험 형태를 보이며, 위험별로 구분하여 각각 독립적인 사회복지제도를 운영한다. 가

족의 중요성을 강조하는 종교와 문화적 신념으로 오스트리아, 프랑스, 독일 등 유럽 대륙 국가가 여기에 해당된다.

③ 사회민주주의 복지국가

사회민주주의 복지국가는 보편주의적 원칙과 사회권을 통한 탈상품화 효과가 가장 크고 새로운 중산층까지 확대되는 국가이다. 복지의 재분배적 기능이 강력하고, 복지급여는 취약계층뿐만 아니라 중간계급까지 확대된다. 최소한의 생활수준 보장과 최대한의 수준에서 평등을 추구하며, 스웨덴, 덴마크, 핀란드, 노르웨이 등 스칸디나비아 국가가 여기에 해당된다.

(2) 퍼니스와 틸톤(Furniss & Tilton)의 복지국가 모형

① 적극적 국가

적극적 국가는 복지보다는 경제적 효율성과 시장을 중시하며 재산소유자를 시장과 재분배적 수요의 가능성으로부터 보호하는 국가이다. 복지가 시장에서 배제된 사람들만을 위해 시혜적, 통제적 장치로 기능하는 국가로 사회복지정책은 경제정책의 하위 개념(사회보험 선호)이다. 대표적으로 미국이 여기에 해당된다.

② 사회보장국가

사회보장국가는 국민의 최저생활을 보장하는 국가로 사회보험뿐만 아니라 공공부조나 사회서비스도 확충하지만, 완전한 평등을 추구하지는 않는 국가이다. 영국이 대표적이다.

③ 사회복지국가

사회복지국가는 소득, 재산, 권력의 불평등을 제거하기 위해 정부가 적극적으로 나서는 국가이다. 최저수준을 넘어 민주주의와 평등주의를 추구하며, 경제정책은 사회정책의 구속을 받게 되며, 국민의 삶의 질을 저하시키는 도시계획이나 개발은 금지되는 국가로 스웨덴이 대표적이다.

(3) 미쉬라(Mishra)의 복지국가 모형

① 분화된 복지국가

분화된 복지국가는 다원적, 분화적 복지국가를 의미하며, 사회복지정책은 잔여적 특성이 있다. 사회복지와 경제는 구분되고 대립되며, 이익집단의 이익 추구과정에서 형성된 복지정책은 일관성 없이 분화되고 단편화되는 경향이 있다. 미국, 영국 등 영어권 국가가 대표적이다.

② 통합된 복지국가

통합된 복지국가는 조합주의적, 통합적 복지국가로 사회복지정책은 제도적인 특성이 있다. 사회복지와 경제는 상호의존적이며, 보완적인 관계로 이해되며, 완전고용정책과 포괄적 사회복지정책을 통해 시장체계를 유지하고 지속적으로 기능한다. 오스트리아, 스웨덴, 독일, 네덜란드 등이 대표적이다.

정리하기

1. 에스핑-앤더슨의 복지국가 유형
   - 자유주의 복지국가, 보수주의(조합주의) 복지국가, 사회민주주의 복지국가
2. 퍼니스와 틸톤의 복지국가 유형
   - 적극적 국가, 사회보장국가, 사회복지국가
3. 미쉬라의 복지국가 유형
   - 분화된 복지국가, 통합된 복지국가

CHAPTER 2

사회복지정책의 형성과정

CHAPTER 2

사회복지정책의 형성과정

1. 사회복지정책의 형성과정

1) 정책의 형성과정

(1) 정책의 형성과정

정책은 사회문제로부터 시작하여 공중의 이슈화가 이루어지면, 그에 대한 정책의제가 형성되고 이에 대한 정책대안들이 형성된다. 그리고 이에 대한 정책을 결정하고 집행하고 평가하여 정책이 제대로 이루어졌는지를 확인한다. 사회문제를 제대로 인지하고 올바른 정책이 결정되어 문제를 해결했다면 그 정책은 올바른 방향으로 집행된 것이라 할 수 있다. 그러나 제대로 된 정책결정이 아니거나 집행이 되지 못했을 경우 평가를 통해 다른 정책 대안을 형성하고 이에 대한 정책결정과 정책집행을 반복해서 수행하게 된다. 이를 그림으로 나타내면, 다음과 같다.

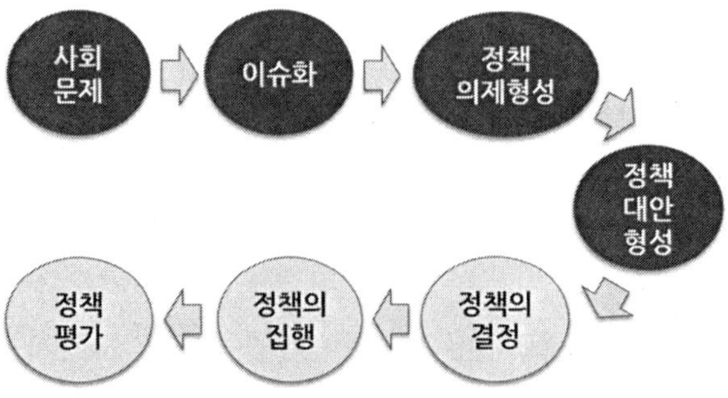

[그림 2-1] 정책의 형성과정

(2) 정책의제화 과정과 모형

① 사회복지정책의 의제화 과정

사회복지정책이 의제화되는 과정은 사회문제의 성격, 해결방법 등을 고려하여 사회적 이슈가 될 수 있는지를 확인한다. 그리고 사회적 이슈에 대하여 집단 간의 논쟁의 대상이 되는 사회문제일 경우 공중의제로 넘어가게 된다. 이때 일반 대중의 관심과 정부가 해결 가능한지를 판단하는 과정을 거쳐 정부가 이 문제에 대하여 공식적으로 해결하기로 하였다면 정부의제로 넘어가게 된다. 이런 일련의 과정을 도표로 살펴보면 다음 그림과 같다.

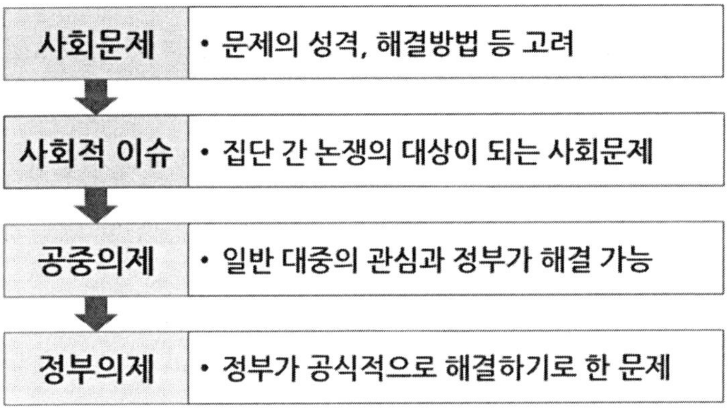

[그림 2-2] 사회복지정책의 의제화 과정

② 정책의제의 모형

가. 외부주도모형

외부주도모형은 사회문제가 일반적인 용어로 고충이 표명되는 이슈제기 단계에서 표명된 고충이 특정한 요구로 변화하는 구체화 과정을 거치게 된다. 구체화된 이슈는 보다 더 큰 공중으로 확장되고, 공중의제가 정부의제로 이동하게 되는데 이를 진입이라 한다. 이렇게 진입된 이슈는 정부의제로서 정책결정자에 의해 정책이 되어 집행된다.

이슈제기	• 일반적인 용어로 고충이 표명되는 단계
구체화	• 표명된 고충이 특정한 요구로 변화
확장	• 이슈가 좀 더 큰 공중으로 확장
진입	• 공중의제가 정부의제로 이동

[그림 2-3] 외부주도모형의 흐름도

나. 동원모형

동원모형은 정책결정자가 정책과 프로그램에 내포되어 있는 이슈를 정부의제에서 공중의제로 이동시키려는 경우에 해당하는 것으로, 이때 주도권은 정치지도자가 가지게 된다. 정부의 정책이나 프로그램의 효과적 집행을 위하여 이슈를 공중에 확장하는 것으로 정책의 집행단계에 해당된다. 공중의제와 정부의제의 순서가 바뀐 모형이다.

다. 내부접근모형

내부접근모형은 공중의 참여를 배제하고자 시도하는 정책의제 설정모형으로 최초의 정책제안은 정부 단위의 내부 혹은 측근집단에서 이루어지지만 이슈는 공중에게 확장되지 않는다. 내부접근모형에서는 의제를 대중에게 확산시키는 확산 단계가 존재하지 않고, 문제제기자는 이슈를 공중의제에 확장하려는 노력을 하지 않고, 의도적으로 확장을 막으려 한다.

③ 정책의제 채택에 영향을 주는 특성

가. 사회문제의 구체성

사회문제가 포괄적일수록 정책의제 채택에 영향을 미친다.

나. 사회적 중요성

사회적 관심을 높은 것, 사회 전체에 주는 충격이 클수록 정책의제 채택에 영향을 미친다.

다. 기간의 적실성

오랫동안 누적되어 온 것, 장기적으로 고통을 주는 것일수록 정책의제 채택에 영향을 미친다.

라. 선례의 유무

유사한 선례가 있었던 문제는 정책의제 채택에 영향을 미친다.

마. 기술적 복잡성

단순하고 기술적으로 이해가 쉬운 것일수록 정책의제 채택에 영향을 미친다.

2) 정책대안의 형성과정

(1) 정책대안의 형성과정

① 정책대안

정책대안이란 '문제를 어떻게 해결할 것인가' 하는 해결방법에 대한 것이다. 정책대안은 문제와 상황에 대한 정확한 파악을 통해 미래를 예측하고 이에 알맞은 목표를 설정하게 된다. 그리고 대안을 탐색하고 개발하여 여러 대안들을 비교분석하여 적절한 해결방법을 찾는 과정이다. 이런 대안을 만들어 가는 과정에서 목표를 다시 논의하고 구체화하는 과정을 거치게 된다. 이를 그림으로 살펴보면 다음과 같다.

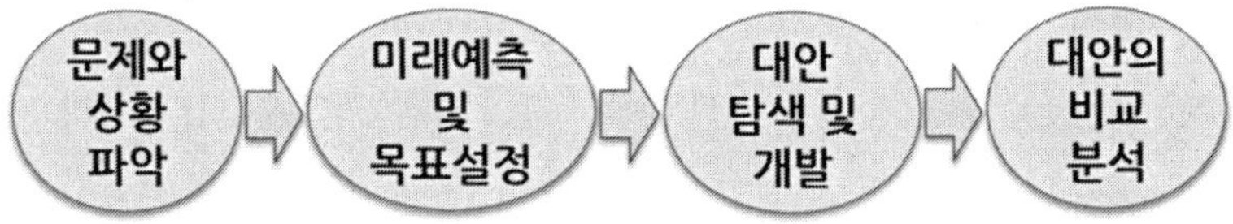

[그림 2-4] 정책대안의 형성과정

② 대안의 비교분석 기준

대안을 비교하고 분석하는 기준은 기술적 실현 가능성, 정치적 실현 가능성, 효율성, 효과성, 사회적 형평성, 사회적 효과성을 기준으로 비교해 볼 수 있다.

〈표 2-1〉 대안의 비교분석 기준

비교분석 기준	주요 질문
기술적 실현 가능성	기술적으로 가능하고 집행기관이 능력이 있는가?
정치적 실현 가능성	주민이나 권력자가 정치적으로 받아들인 것인가?
효율성	투입 대비 산출의 비율이 최대화될 것인가?
효과성	산출이 최대화될 것인가?
사회적 형평성	사회계층 사이의 불평등이 줄어들 것인가?
사회적 효과성	사회적 유대감 등을 통해 사회통합이 증대될 것인가?

정리하기

1. 정책의 형성과정
   - 사회문제 → 이슈화 → 정책의제 형성 → 정책대안 형성 → 정책의 결정 → 정책의 집행 → 정책의 평가
2. 정책의제화 과정과 모형
   - 의제화 과정 : 사회문제 → 사회적 이슈 → 공중의제 → 정부의제
   - 정책의제화의 모형 : 외부주도모형, 동원모형, 내부접근모형
3. 정책대안의 형성과정
   - 문제와 상황 파악 → 미래예측 및 목표설정 → 대안 탐색 및 개발 → 대안의 비교분석

3) 정책의 결정과 결정모형

(1) 정책의 결정

① 정책결정의 개념

정책결정은 여러 정책대안 중에서 가장 바람직한 것을 선택하는 일종의 의사결정과정이다. 즉, 문제를 확인하고, 바람직한 대안들을 모색하며, 개발된 대안들을 서로 비교하고 평가한 후 특정의 대안을 선택하는 일련의 과정이다. 정부기관 내부 및 환경과의 상호작용, 행정부와 의회·사법부와의 거시적 연계를 대상으로 삼는 거시론적 연구의 필요성이 요구된다.

정책결정은 사회문제를 공적으로 해결하는 일반적 방향의 결정이다. 다양한 요인들이 상이한 작용을 하는 복잡한 동태적인 과정으로서 주로 정부기관에 의해서 장래의 활동 지침으로 결정하는 것을 목적으로 한다. 따라서 사회복지정책의 결정은 "사회복지의 증진을 위해 정부기관이 장래의 주요 행동지침인 정책대안을 결정하는 복잡하고 동태적인 과정"이다.

② 정책결정의 과정

정책결정의 과정은 먼저 바람직한 상태와 현실의 상태 사이에 괴리가 존재할 때 발생하는 문제를 정의하고, 문제해결을 위한 가능한 행동과정을 탐색한다. 가치, 기술, 정보, 자원, 시간 등의 가능한 다양한 대안을 탐색하는 것이 바람직하다. 그리고 각 대안이 가져올 결과를 미리 정해진 기준에 따라 평가하고, 가장 바람직한 결과를 낳은 대안을 선택하여 정책으로 결정하게 된다.

정책결정의 단계는 순차적으로 이루어지는 것이 가장 이상적이나 각 단계가 서로 겹치거나 병행되기도 하고, 뒤의 단계가 앞으로 가기도 하고, 뛰어넘기도 한다. 이는 시간이 촉박하거나 능력이 부족하기 때문인 경우가 많다. 그래서 대부분의 정책결정모형은 의사결정모형을 공공정책 분야에 맞게 수정하거나 변경·개발하여 적용한다.

〈표 2-2〉 정책결정의 과정

과 정	내 용
문제 정의	문제란 바람직한 상태와 현실의 상태 사이에 괴리가 존재할 때 발생
대안 탐색	• 문제 해결을 위한 가능한 행동과정 탐색 • 가치, 기술, 정보, 자원, 시간 등
대안 평가	각 대안이 가져올 결과를 미리 정해진 기준에 따라 평가
대안 선택	가장 바람직한 결과를 낳는 대안을 선택

(2) 결정모형

① 합리모형

합리모형은 인간이 이성과 합리성에 입각하여 정책을 결정한다는 이론이다. '포괄적 모형', '최선의 대안선택모형', '순차합리성 모형'이라고도 불리며, 정책결정자에게 하나의 이상적인 준거의 틀을 제공한다. 이 모형은 다른 정책결정모형들의 원형으로서 대다수의 정책결정모형들이 합리모형을 비판하거나 현실에 맞게 수정하는 과정에서 나타났다.

합리모형은 인간의 이성과 합리성, 주어진 목표와 상황, 인간의 능력에 대한 신뢰, 대안과 그 결과들이 대안의 비교 기준, 최선의 정책대안 선택이라는 특징이 있으나, 이성 및 합리성에 대한 비판, 목표와 상황의 불확실성, 인간 능력의 한계, 정보 및 시간의 부족, 심리적 갈등의 문제 등이 한계점으로 지적되고 있다.

② 만족모형

만족모형은 인간의 제한된 합리성에 기초하여 최적 수준에 의한 최적의 대안보다는 현실적으로 만족할 만한 대안의 선택이 타당성을 갖는다는 이론이다. '제한된 합리모형'이라고 불리며, 이 모형의 특징은 인간의 절대적 합리성보다는 제한된 합리성을 기준으로 삼고 있다. 따라서 인간의 보편적 의사결정에 초점을 둔 이론이다.

만족모형은 제한된 합리성, 정책목표 및 기준의 불확실성, 제한된 대안의 탐색, 만족스러운 대안의 선택이 특징이며, 만족스러운 대안의 불명확성, 적용의 한계, 반쇄신적 성향이 한계점으로 지적되고 있다.

③ 점증모형

점증모형은 합리모형을 전적으로 거부하고, 정책의 실현 가능성을 중요시하는 이론이다. 정책결정자에 주로 적용되는 이론으로 기존의 정책이나 결정을 점진적으로 개선해 나가는 것을 의미하며, 기존 정책을 첫 대안으로 생각하여 거기에다가 약간의 수정만 가하게 된다. 결정상황에서 현실적으로 적용 가능성이 매우 높은 이론이다.

점증모형은 비합리성, 정책목표와 수단의 조정, 연속적 · 제한적 비교, 정치적 · 보수적 성격, 점증적 결정이라는 특징이 있으며, 평가기준의 부재, 형평성의 문제, 반쇄신적 성격, 적용의 한계라는 점이 한계점으로 지적되고 있다.

④ 그 밖의 결정모형

가. 혼합모형

혼합모형은 합리모형과 점증모형의 장점을 취합한 모형으로 종합적인 합리성을 바탕으로 하는 결정모형이다. 능동적 사회에 적합한 결정모형이다.

나. 최적모형

최적모형은 체계론적 시각에서 파악하고 정책성과를 최적화하려는 결정모형이다. 투입(효과)보다 산출(비용)이 커야 한다.

다. 쓰레기통모형

쓰레기통모형은 쓰레기통에 던져 넣은 쓰레기들에서 우연히 쓸모 있는 물건이 발견될 수 있다는 데서 나온 결정모형으로, 무질서한 조직의 상태에서 우연히 좋은 정책모형이 발견되기도 한다는 결정모형이다.

정리하기

1. 정책의 결정
   – 정책결정은 "여러 정책대안 중에서 가장 바람직한 것을 선택하는 의사결정"
   – 정책결정 과정 : 문제 정의 → 대안 탐색 → 대안 평가 → 대안 선택
2. 결정모형
   – 합리모형, 만족모형, 점증모형, 혼합모형, 최적모형, 쓰레기통모형

4) 정책의 집행

(1) 정책의 집행

① 정책집행의 개념

정책집행은 "결정된 정책을 구체화해 가는 과정으로서 의도하였던 정책 문제를 해결하는 실현 과정"을 말한다. 의도된 정책목표를 달성하기 위해 결정된 사항을 구체화하는 모든 활동을 의미한다. '관리기술적 측면만을 강조하는가?' 혹은 '정치적 성격을 인정하는가?'에 따라 그 의미가 달라질 수 있다.

② 정책집행의 의미와 성격

가. 관리기술적 측면

과학적 합리성에 입각하여 계층제를 통하여 분업이 이루어지는 기술적 과정으로 결정된 집행을 기계적으로 수행하는 것을 의미한다.

나. 정치적 측면

정치적으로 중립적인 과정을 의미하며, 여러 참여자 간의 상호작용 과정과 여러 사회세력들의 세력 관계를 반영한다.

③ 정책집행의 과정

단계	내용
정책지침 개발	• 기본정책을 집행상황과 대상집단의 제반 욕구, 기대 등에 적합하도록 재해석하고 구체화하며, 특정화 하는 단계
자원 확보	• 필요한 예산, 인력, 장비 등과 같은 자원을 공식적으로 확보하고 배분하는 단계
적용	• 정책집행기관이 구체적인 행동을 통해 실천하는 단계(정책의 행동화 단계)
감시와 감독	• 집행과정이나 집행 후에 지침에 따라 제대로 시행되었는지를 조사하여 시정조치 및 통제를 가하는 단계

(2) 정책집행에 영향을 미치는 요인

① 정책 환경적 요인

가. 정치적 상황의 변화

전쟁, 쿠데타, 정치적 위기 상황이 정책집행에 영향을 미친다.

나. 경제적 상황의 변화

개방화, 국제화, 세계화 추세는 경제정책에 보다 많은 영향을 미친다.

다. 사회적 상황의 변화

인구구조의 변화, 산업화, 도시화, 교육수준의 변화는 정책집행에 영향을 미친다.

라. 사회경제적 조건이나 기술의 발전

국민소득, 가구소득, 실업률, 물가지수 등의 변동과 기술의 발전은 정책집행에 영향을 미친다.

② 정책 내재적 요인

가. 정책목표의 타당성

정책의 목표가 타당하게 세워져야 재원, 전달체계, 전달방법, 서비스의 형태 등을 올바르게 결정할 수 있다.

나. 정책목표의 구체성

정책의 목표가 구체적일수록 정책의 집행이 용이하고, 정책의 목표가 측정할 수 있을 정도로 뚜렷하게 규정되어 있으면, 정책집행과정을 감시하기 쉽고, 정책의 촉진을 강제할 수도 있다.

③ 정책 행태적 요인

가. 정치기관의 지지

대통령, 국회 등 정치기관의 관심과 지지는 정책집행에 영향을 미친다.

나. 정책집행자와 집행기관

정책집행자나 정책기관의 가치, 이해관계, 전문성, 능력 및 자질 등은 정책집행에 영향을 미친다.

다. 상급관청 및 경쟁부서의 관여

상급관청이나 다른 부서의 협력(협조)은 정책집행에 영향을 미친다.

라. 클라이언트의 가치 및 태도

클라이언트의 문제해결에 대한 욕구, 강도 및 복지의식 정도 등은 정책집행에 영향을 미친다.

마. 이익집단, 주민, 국민의 행태

이익집단, 주민, 국민 등의 적극적인 지지와 정책에 대한 호의는 정책집행에 영향을 미친다.

④ 정책 수단 및 절차의 확보

가. 재원의 확보

목표 달성에 소요되는 예산의 충분한 확보가 중요하다.

나. 복지서비스의 전달체계

전달체계에 관한 권한 및 책임의 분배, 조정 및 감시 • 감독기관 등이 명확하게 규정되어 있어야 효율적인 정책집행을 가능하게 한다.

다. 복지서비스의 전달방법

복지서비스의 전달방법에 관한 구체적인 규정은 서비스 전달자의 가치나 의도를 사회복지 지향적으로 변화시키고 적극적인 태도를 갖게 한다.

⑤ **정책산물**(사회복지서비스의 형태)

가. 현금, 신용, 재화

내용이 구체적이며, 효과의 측정이 용이하다.

나. 기회, 용역, 권력

실체가 가변적이며, 모호하다(사회복지사의 자질, 태도, 주변 여건 등에 따라 제공받는 서비스의 내용과 효과가 판이하게 달라질 수 있다).

정리하기

1. 정책의 집행
   - 정책결정은 "결정된 정책을 구체화해 가는 과정으로서 의도하였던 정책 문제를 해결하는 실현 과정"
   - 정책결정 과정 : 정책지침 개발 → 자원 확보 → 적용 → 감시와 감독
2. 정책집행에 영향을 미치는 요인
   - 정책 환경적 요인 : 정치적, 경제적, 사회적, 사회경제적 조건이나 기술의 발전
   - 정책 내재적 요인 : 정책 목표의 타당성, 정책목표의 구체성

- 정책 행태적 요인 : 정치기관의 지지, 정책집행자와 집행기관, 상급관청 및 경쟁부서의 관여, 클라이언트의 가치 및 태도, 이익집단, 주민, 국민의 행태
- 정책 수단 및 절차의 확보 : 재원 확보, 서비스의 전달체계, 서비스의 전달방법
- 정책산물 : 현금, 신용, 재화/기회, 용역, 권력

2. 사회복지정책의 평가

1) 정책평가의 의의

(1) 정책평가의 개념

① 정책평가의 의의

정책평가는 정책의 결과 및 과정을 비판적으로 검토하고 환류시키는 활동이다. 좁은 의미에서는 '정책집행의 결과에 대한 평가'로 정책이 원래 의도한 문제의 해결에 얼마만큼 영향을 미쳤는가에 대한 평가를 의미한다. 넓게는 정책결정 이전부터 정책집행 이후까지의 모든 정책과정 속에서 이루어지는 정책활동에 대한 평가를 의미하기도 한다.

② 정책평가의 목적

바이스(Weiss, 1998)는 정책평가의 목적은 ㉠ 정책의 집행 혹은 결과에 대한 체계적 사정, ㉡ 정책의 과정 혹은 실행에 대한 평가, ㉢ 정책의 비교 가능한 기준, ㉣ 정책의 결과에 초점, ㉤ 정책의 개선으로 정리하였다.

(2) 정책평가의 필요성

빅맨(Bigman, 1961)은 정책평가의 필요성에 대해 ㉠ 목표가 얼마나 잘 충족되었는가를 알려주며, ㉡ 성공과 실패의 원인을 구체적으로 제시해 주며, ㉢ 프로그램의 성공을 위한 원칙을 발견해 주며, ㉣ 효과성을 증진시키기 위

해서 여러 기법을 사용하는 실험과정으로 유도해 주며, ⓜ 대안적 기법의 상대적 성공을 위한 근거에서 더 향상된 연구를 위한 기초를 마련해 주며, ⓑ 목표달성을 위해 사용된 수단(하위 목표)을 재규정해 준다고 말하였다.

〈표 2-3〉 **정책평가의 필요성**

필요성	내 용
효과성 증진	• 정책의 성공을 위한 원칙, 자원, 수단, 방법 등을 제시
책임성 확보	• 목표달성 정도와 그에 대한 책임 소재 확인
연구의 기초	• 평가를 통해 제시된 자료를 기초로 기존의 정책이론을 수정하거나 강화 • 정책형성이나 집행에 관한 고유이론 개발

(3) 정책평가의 성격

정책평가는 기술적 성격, 실용적 성격, 개별사례적 성격, 가치지향적 성격, 종합학문적 성격, 정치적 성격을 가진다.

〈표 2-4〉 **정책평가의 성격**

성 격	내 용
기술적 성격	평가기법(통계, 분석) 등의 기술 필요
실용적 성격	유용한 정보의 제공
개별사례적 성격	프로그램에 적용된 개별사례를 연구
가치지향적 성격	가치판단의 기준
종합학문적 성격	정치적 상황, 행정적 환경, 사회 윤리 등에 관한 지식 요구
정치적 성격	정책결정자, 프로그램집행자, 이해집단, 클라이언트 등의 영향

정리하기

1. 정책평가의 개념
   - 정책평가는 "정책의 결과 및 과정을 비판적으로 검토하고 환류시키는 활동"
2. 정책평가의 필요성
   - 효과성 증진, 책임성 확보, 연구의 기초
3. 정책평가의 성격
   - 기술적, 실용적, 개별사례적, 가치지향적, 종합학문적, 정치적

2) 정책평가의 과정

(1) 정책평가의 과정

정책평가는 평가목표 설정, 평가기준 설정, 평가방법 설계, 자료수집, 분석 및 해석의 과정을 거친다.

〈표 2-5〉 **정책평가의 과정**

과 정	내 용
평가목표 설정	목적 선택과 구체화(무엇을 평가할 것인가?)
평가기준 설정	여러 측면에서 선택(대상, 방법, 내용 등)
평가방법 설계	정책의 영향을 과학적으로 밝히기 위한 계획
자료수집	평가에 필요한 자료 수집
분석 및 해석	정책에 대한 평가

① 평가목표 설정

평가목표를 명확하게 설정하는 것은 정책의 구체적 평가를 위한 기준으로 '무엇을 평가할 것인가?'에 대한 것이다. 정책평가의 관심과 초점에 따라 정책평가의 목적이 선택되고 구체화되며, '본래의 정책목표가 얼마나 실현되었는가?'가 목표설정의 가장 중요한 부분이라고 할 수 있다.

② 평가기준 설정

정책의 평가목표가 정해지면 그에 따라 정책평가의 기준을 설정해야 한다. 평가기준은 평가의 목적, 정책의 내용 등에 따라 달리 선정되어야 하며, 여러 가지 측면에서 선정되어야 하는 선택의 문제로 다음과 같은 사항들이 고려되어야 한다.

가. 시간적・공간적 범위

나. 연구 대상의 선정

다. 연구방법의 선택

③ 평가방법 설계

정책평가 기준이 마련되었다면 정책의 영향을 과학적으로 밝혀내기 위한 계획을 수립한다. 정책 프로그램으로 인해 어떠한 결과가 나타났는지, 그 결과가 바람직한지, 그 결과를 가져온 요인이 무엇인지 등에 대해 논리적인 평가방법이 설계되어야 한다. 이는 정책 프로그램이 영향을 받거나 영향을 미치는 과정에 대해 인과모형을 형성하는 것으로 정책평가에서 매우 중요하다.

④ 자료수집

평가방법이 설계되었다면 평가에 필요한 자료를 수집해야 한다. 어떠한 종류의 자료를 어디에서 어떻게 수집할 것이냐 하는 문제는 평가되는 정책의 성격에 따라 좌우된다. 관찰법, 면접법, 질문지법 등의 과학적 자료수집방법 등 사용해 볼 수 있다.

⑤ 분석 및 해석

자료를 어떤 분석방법으로 분석할 것인가 하는 것은 평가대상이 되는 사회복지정책의 성격, 평가연구 설계, 수집된 자료의 성격 등을 종합적으로 고려하여 결정한다. 자료수집방법에 따라 수집된 자료를 분석하고 그 의미를 해석하여 정책분석보고서를 작성하고 관계 기관에 제출한다.

(2) 정책평가에 영향을 미치는 요인

① 인적 요인

인적 요인으로는 정책평가자의 이념이나 신념, 가치, 정책결정자나 정책집행자와 같은 정책담당자의 의도나 관심의 정도, 클라이언트의 필요와 평가, 주민 또는 국민들의 여론 등이 정책평가에 영향을 미칠 수 있다. 이를 정리해 보면 다음과 같다.

〈표 2-6〉 **인적 요인**

요 인	내 용
정책평가자	정책평가자의 이념, 신념, 가치
정책담당자	정책결정자, 정책집행자의 의도나 관심
클라이언트	정책의 수혜자(정책평가의 의뢰자)
주민, 국민	지역주민, 이해관계자, 국민의 여론

② 시간적 요인

정책평가가 제대로 이루어지기 위해서는 많은 시간이 필요하다. 시간의 부족은 정책평가 내용의 부실이나 부정확성을 초래할 수 있다.

③ 기술적 요인

정책평가를 위해 수집된 자료를 정확하게 분석할 수 있는 기법이 필요하다.

④ 제도적 요인

정책평가에 필요한 정보나 자료의 획득이 보장되어야 하며, 상당한 자금, 시간, 시설, 인력도 필요하다. 그리고 원활한 평가활동을 지지해 줄 행정적 뒷받침도 있어야 한다.

⑤ 정책 자체 요인

뚜렷한 정책 목표와 그 목표 달성을 위한 명확한 수단이 있어야 하며, 평가될 내용이 측정 가능한지에 대해서도 확인해 보아야 한다.

정리하기

1. 정책평가의 과정
   - 정책평가 과정 : 평가목표 설정 → 평가기준 설정 → 평가방법 설계 → 자료 수집 → 분석 및 해석
2. 정책평가에 영향을 미치는 요인
   - 인적 요인 : 정책평가자, 정책담당자, 클라이언트, 이해관계자(주민, 국민의 여론)
   - 시간적 요인
   - 기술적 요인
   - 제도적 요인
   - 정책 자체 요인

3) 정책평가의 방법

(1) 질적/ 양적 평가방법

① 질적평가방법

질적평가방법은 행위자 자신의 준거의 틀에 입각하여 인간의 행태를 이해하는 데 관심을 갖는 현상학 입장을 취한다. 자연주의적, 비통제적 관찰을 이용하며, 내부자의 시각에 가깝다. 자료에서 파생한 발견지향적, 탐색적, 확장주의적, 서술적, 귀납적, 과정지향적, 주관적, 총체론적이며, 실질적이고 풍부한 깊이 있는 자료로 타당성이 높다. 그러나 단일사례연구로 일반화하는 데 한계가 있다.

② 양적평가방법

양적평가방법은 개인의 주관적 상태에는 관심을 두지 않고, 사회현상의 사실이나 원인을 탐구하는 논리실증주의적 입장을 취한다. 강제된 측정과 통제된 측정을 이용하여 외부자의 시각에 가깝다. 자료에서 파생하지 않는 확인지

향적, 확증적, 축소주의적, 추론적, 가설연역적, 객관적, 결과지향적, 특정적이며, 반복 가능한 자료로 신뢰성이 높으며 복수 사례연구로 일반화할 수 있는 장점이 있다.

③ 혼합적 평가방법

최근에는 질적 평가방법과 양적 평가방법을 혼합하는 평가방법이 최적의 것으로 이야기되고 있다.

〈표 2-7〉 질적평가방법과 양적평가방법의 비교

질적평가방법	양적평가방법
① 질적 자료 ② 탐색에 기초한 총체론적, 귀납적 설계 ③ 내용분석 혹은 사례분석	① 양적 자료 ② 실험적(혹은 준실험적) 연구 설계 ③ 통계분석

(2) 능률성(내적/ 외적) 평가방법

① 비용-편익분석 평가방법

문제의 정책이나 사업에 투입된 비용을 초과하는 편익이 발생되었는지의 여부를 검토하는 것으로 문제의 정책에 투입된 모든 비용과 정책으로 말미암아 얻어진 모든 편익을 찾아낸 다음 이들을 공통의 척도로 환원하여 산출하는 평가방법이다. '편익 ÷ 비용 > 1'이거나 '순이익 > 0'이라면, 문제의 정책이나 사업을 능률적이라고 판단한다.

② 감사방식 평가방법

감사 시, 감사원이 사용하는 서면검토나 면담과 같은 방법을 사용한다. 비용-편익 평가방법의 적용이 불가능할 경우에 주로 사용된다. 산출과 투입의 어느 한쪽에 중점을 두어 검토하는 방식을 취한다.

가. 예산낭비 검토

어떤 산출을 얻는 데 사용된 투입이 적정했는지의 여부 검토

나. 제공된 서비스의 양과 질 검토

일정한 투입으로 얻은 산출의 양과 질의 적정성 여부 검토

③ 비용-효과성 평가방법

평가대상이 되는 정책이나 사업의 효과비용을 공통의 단위로 전환할 필요가 없다는 특징을 가진다. 사업의 효과는 금전이 아니라 평가 기준, 혹은 효과성이 일으킨 성과(자체 단위)로 표현되며, 정책이나 사업에 대한 비용-효과평가는 소요된 비용과 실제로 얻어진 결과를 비교함으로써 비용효과성이 평가된다. 어떤 하나의 정책이나 사업의 가치를 곧바로 확정할 수 없다는 단점이 있다.

(3) 정확성 평가방법

① 관찰법

사업실시과정을 직접 관찰함으로써 필요한 자료를 수집하는 방법이다. 관찰자는 정책이나 사업대상집단의 일원, 즉 정책의 수혜대상자로 참여하기도 하고, 혹은 객관적 관찰자로만 참여한다. 관찰내용을 체계적으로 기록하기 위한 계획이 필요하다. 완료된 정책이나 사업에는 적용할 수 없고, 현재 실시중인 정책이나 사업에만 적용 가능하다.

② 문서조사법

어떤 정책이나 사업을 실시한 기관이나 사람은 정책 실시를 위하여 수행한 모든 내용을 기록으로 남겨 두어야 할 책무성이 있다. 정책실시과정의 정확성을 점검하기 위해서는 이러한 기록을 검토하는 것이 좋은 방법이다. 이러한 기록에 전적으로 의존하는 것은 현명하지 못하며, 다른 방법에 의하여 보완되

는 것이 바람직하다.

③ 조사연구법

정책실시자 집단과 정책대상자 집단에 대한 조사방법이다. 질문지를 이용하거나 면접방법을 사용한다. 이 경우 조사대상에는 정책실시자와 정책대상자 전부가 포함될 필요는 없으며, 적당한 수의 표본으로 충분하다.

정리하기

1. 질적/ 양적 평가방법
   - 질적평가방법, 양적평가방법, 혼합적 평가방법
2. 능률성(내적/ 외적) 평가방법
   - 비용-편익분석 평가방법, 감사방식 평가방법, 비용-효과성 평가방법
3. 정확성 평가방법
   - 관찰법, 문서조사법, 조사연구법

3. 사회복지정책의 분석

1) 정책분석의 의미와 과정

(1) 정책분석의 의미

① 정책분석의 개념

합리적 정책분석가(정책결정자)가 정책의 형성·집행·평가과정에서 복잡한 정책문제를 구조화하고 목표를 설계하여 최선의 바람직한 정책 해결방안을 창출하고자 노력하는 체계적인 평가 혹은 연구활동이다. 퀘이드(Quade)는 "정책결정자의 판단력을 행사하는 데 판단의 기초를 높여줄 정보를 산출하고, 제공하는 모든 유형의 분석"이라고 정의하였다.

② 정책분석의 특징

정책분석은 응용사회과학이며, 정책분석은 다양한 탐구방법을 활용한다. 정책논증의 구조를 가지며, 정보 활용의 정치이다. 정책분석가는 다양한 형태의 행위자(공공정책, 정책 관련자, 정책환경)들 중 한 사람이다.

③ 정책분석의 세 가지 접근법

가. 경험적 접근법

공공정책의 원인과 결과를 기술하는 것으로 '어떤 사실이 존재하며, 또 존재할 것인가?' 하는 기술적 · 예견적 정보를 산출한다.

나. 평가적 접근법

정책의 가치 문제를 결정하는 것으로 '그것이 어떤 가치를 갖는가?' 하는 평가적 정보를 산출한다.

다. 규범적 접근법

공공문제를 해결할 수 있는 미래의 행동노선을 제안하는 것으로 '무엇이 행해져야 할 것인가?' 하는 처방적 정보를 산출한다.

④ 정책분석의 다양한 탐구방법

정책분석은 점검/ 기술, 예측, 평가, 제안(처방), 문제의 구조화 등 다양한 탐구방법을 활용한다.

〈표 2-8〉 **정책분석의 다양한 탐구방법**

탐구방법	내 용
점검/ 기술	정책의 과거 원인과 결과에 관한 정보 산출
예측	정책의 미래 결과에 관한 정보 산출
평가	과거와 미래의 정책이 내포하고 있는 가치에 관한 정보 산출
제안(처방)	미래의 행동노선이 가져다줄 바람직한 결과에 관한 정보 산출
문제의 구조화	총체적으로 어렵게 된 상황을 탐구하는 단계

(2) 정책분석의 과정

① 정책분석의 과정 모형

정책분석은 문제의 명확화, 목표와 기준 설정, 대안탐색, 자료와 정보 수집, 모형작성과 검증, 각 대안의 실현 가능성 검증, 비용과 효과성 분석, 평가를 거쳐 정책결정자에게 제안하는 과정을 거친다. 이를 그림으로 나타내면 다음과 같다.

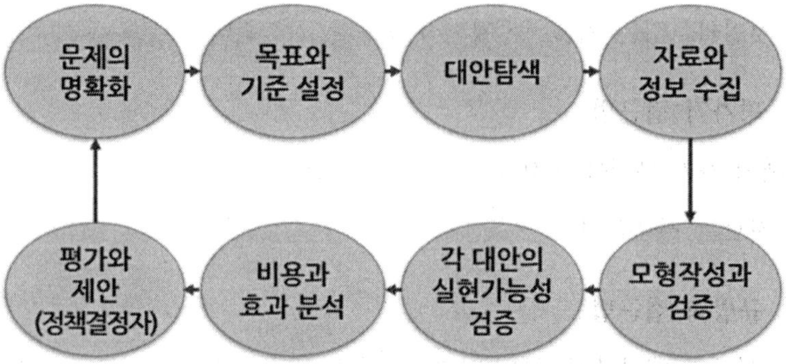

[그림 2-5] 정책분석의 과정 모형

② 정책분석의 과정

정책분석의 과정에 대하여 살펴보면, 다음 표와 같다.

〈표 2-9〉 정책분석의 과정

과 정	내 용
문제의 명확화	• 현실에서의 수많은 정책문제 중에서 그 성질과 유형을 명확히 밝힘
목표와 기준 설정	• 문제해결을 위한 명확한 목표 설정 • 여러 대안들을 평가할 때 사용될 평가기준 설정
대안탐색	• 가능한 많은 방법들을 고려해 볼 것 • 시간, 자원, 인식능력 등 현실적 제약 고려

자료와 정보 수집	• 정책문제는 매우 복잡하고 동태적 • 정책문제를 해결하기 위한 대안 탐색이나 결과예측에는 많은 정보와 자료가 필요
모형작성과 검증	• 여러 가지 방법에 따른 비용과 기타 영향 등을 비교하기 위해서 사전에 모의실험 등을 통해 정확하고 필요한 정보 취득
각 대안의 실현 가능성 검증	• 마련된 정책대안에 대해 정치적, 사회적, 경제적, 기술적 실현 가능성 검토
비용과 효과 분석	• 검토되는 각 대안의 비용과 효과를 분석하여 대안들의 우선순위 결정
평가와 제안	• 가장 바람직한 대안의 선택 • 정책결정자가 최종안에 만족하지 못할 경우 처음 단계로 돌아가서 반복

정리하기

1. 정책분석의 의미
   - 정책분석이란 "복잡한 정책문제를 구조화하고 목표를 설계하여 최선의 바람직한 정책 해결방안을 창출하고자 노력하는 체계적인 평가 혹은 연구활동"
   - 정책분석의 접근법 : 경험적, 평가적, 규범적 접근법
   - 정책분석의 탐구방법 : 점검/ 기술, 예측, 평가, 제안(처방), 문제의 구조화
2. 정책분석 과정
   - 문제의 명확화 → 목표와 기준 설정 → 대안탐색 → 자료와 정보 수집 → 모형작성과 검증 → 각 대안의 실현 가능성 검증 → 비용과 효과 분석 → 평가와 제안

2) 정책분석의 방법

정책분석은 각각의 영문 첫 글자를 따서 3P로 표현한다. 과정(Process), 산출(Product), 성과(Performance)의 세 가지 접근법을 사용하며, 서로 중복되고 연관되어 있다. 사회복지정책의 접근법은 기획, 행정, 조사연구와 같은 전문가들에 의해 검토되며, 이에 참여한 전문가들은 사회복지정책의 과정, 산출, 성과의 문제에 자신의 자원과 에너지의 대부분을 사용한다.

(1) 과정분석

사회복지정책에서 과정분석은 사회정치적, 기술방법론적 변수들과 관련하여 정책형성의 동태적 측면에 초점을 두고 있다. 기초가 되는 학문은 정치학, 역사학 등이며, 한 사회 내에서 정치집단, 정부집단, 이익집단 간의 관계와의 상호작용이 정책형성에 어떻게 영향을 미치는가 하는 것을 이해하는 데 관심을 가진다. 다루는 시간과 분석의 수준에 따라 다양한 형태를 보이며, 정책결정에 있어서 정치적, 기술적 투입요소에 대한 사례연구의 형태로 이루어진다. 전체적인 사회복지체계의 발달에 관한 장기적 연구, 또는 구체적으로 한정된 프로그램의 발달에 관한 연구 등이다.

(2) 산출분석

산출분석은 기획과정을 통해 얻게 되는 산물이 정책선택이다. 프로그램(안)의 형태를 띨 수도 있고, 법률의 형태, 또는 궁극적으로 프로그램으로 발전하게 될 확정적 계획이 될 수도 있다. 확정된 계획에 대한 여러 가지 쟁점들을 분석하는 접근방법이다. 대안을 분석하거나 선택의 근거가 된 가치와 이론, 가정들에 대한 문제를 분석한다.

① 산출분석의 초점

- 정책설계를 구성하는 구체적 선택들의 형태와 내용이 무엇인가?

- 이 선택은 다른 어떤 가능한 선택들을 포기하도록 하고 있는가?
- 어떤 가치와 이론 및 가정들이 이러한 선택을 지지해 주고 있는가?

② 산출분석의 한계

산출분석은 다양한 학문분야에서 널리 사용되고 있으나, 사회복지정책분석에서 가장 체계적이지 못한 분야이다. 특정한 한 가지 정책에 관련된 적절한 선택문제에 초점을 두고 분석하는 경우는 많이 있지만, 정책설계의 일반적 문제들을 포괄적 맥락 속에 설정하기 위한 체계적인 분석틀은 없는 실정이다.

③ 산출분석의 방법

정책과정에서 선택된 정책을 할당, 급여, 전달, 재원의 네 차원에서 분석하며, 네 차원의 선택들은 다시 정책대안, 가치, 이론이라는 세 축에서 분석한다.

- 세 축들의 상호작용

  가. 선택되는 정책대안

  나. 정책대안을 지지하는 사회적 가치

  다. 정책대안을 뒷받침하는 이론이나 가설

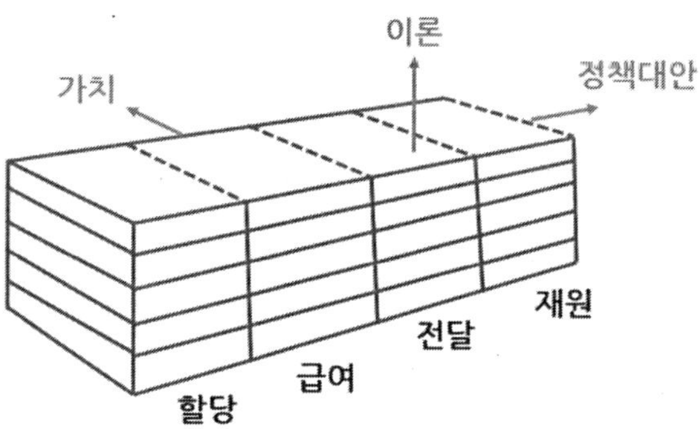

[그림 2-6] 선택의 차원

출처 : 박정호(2012). 사회복지정책론. 학지사, p. 75.

(3) 성과분석

성과분석은 정책선택이 가져오는 프로그램 측면에서의 결과를 기술하고 평가하는 것으로 프로그램의 경계가 보다 분명하게 표현되어 있기 때문에 프로그램 결과에 대한 연구는 과정과 산출에 대한 연구보다 객관적이고 체계적인 분석방법이다. 성과는 질적, 양적 자료의 수집을 통하여 다양한 학문분야에서 광범위한 방법론적 도구로 적용하여 측정할 수 있다(사회복지조사론 등 통계학적 기법).

① 성과분석의 초점

• 프로그램이 얼마나 잘 수행되는가?

– 프로그램이 무엇으로 구성되어 있나?

– 대상집단에 도달하고 있나?

– 얼마나 많은 비용을 요하는가?

• 그 효과는 무엇인가?

– 사전 행동 및 상태에 대하여

– 정당한 개입으로 그 원인을 변화시킬 수 있는

– 사후 행동 및 상태 사이의 차이 측정

② 성과분석의 특징

성과분석은 사회복지 프로그램의 효과성과 능률성을 측정한다. 정책과 프로그램의 목적과 목표가 출발점이다. 예를 들어, 특정한 프로그램의 설계에 초점을 두는 분석은 사회서비스의 이용에 대해 요금을 부과하는 것이 유리한지 혹은 불리한지, 급여의 현금제공과 현물제공 중 어느 것이 유리하고 어느 것이 불리한지를 분석하는 데 초점을 두고 있다.

정리하기

1. 과정분석
   - 한 사회 내에서 정치집단, 정부집단, 이익집단 간의 관계와 상호작용이 정책형성에 어떻게 영향을 미치는가를 이해하는 데 관심
2. 산출분석
   - 정책과정에서 선택된 정책을 할당, 급여, 전달, 재원의 네 차원과 정책대안, 가치, 이론이라는 세 축으로 분석
3. 성과분석
   - 정책선택이 가져오는 프로그램 측면에서의 결과를 기술하고 평가하는 것(효과성과 효율성 측정)

3) 정책분석의 유형(분석틀)

정책분석의 유형(분석틀) 복잡하게 얽혀 있는 사회복지정책 현상들을 체계적으로 정리하고 분해하여 요소 상호 간의 논리적 연계성이나 인과관계 및 규칙성을 밝혀냄으로써 그 현상을 올바로 이해하기 위한 개념적 도구이다. 정책분석의 유형에는 과정분석틀, 산출분석틀, 성과분석틀이 있다.

(1) 과정분석틀

과정분석은 사회복지정책 형성의 동태적 측면에 초점을 두고 있다. 주로 사회복지정책의 환경을 분석하며, 사회복지정책은 정치, 경제, 시민사회 등 사회의 전체적 체계 속에서 형성되기 때문에 정책환경의 분석은 체계이론적 관점을 가진다. 정책 환경은 정치적 환경, 경제적 환경, 시민사회적 환경 등이 있다.

① 정책 환경 분석

〈표 2-10〉 **정책 환경 분석**

정책 환경	집단 및 사회	관련 이슈
정치적 환경	• 정치집단(집권여당) • 행정관료 • 군부 • 지방의회(야당)	• 사회복지입법활동 • 복지이념에 대한 정강 • 방위비의 복지비용 억제 • 선거전략
경제적 환경	• 경제성장 과정 (경제동향, 정부예산) • 자본가 계층 • 노동자 계층	• 경제성장, 물가상승 • 복지재정 할당 • 정경유착 정도 • 노동권 확보
시민사회적 환경	• 민주화 운동 • 중간계층 • 사회복지 운동	• 복지의식의 행동화 • 복지욕구의 확대 • 사회복지운동의 조직화

(2) 산출분석틀

산출분석틀은 정책의 내용을 분석하는 것이다. 정책 자체를 대상으로 사회복지정책의 대표적 가치인 평등, 자유, 효율, 욕구, 사회적 적절성, 인간의 존엄성 등을 어느 정도 달성하고 있는지를 연구한다. 길버트와 스펙트(Gilbert & Specht)는 사회복지정책의 산출분석틀로 네 가지 선택의 차원과 세 축에 의해 분석하였다.

① 네 가지 선택의 차원

- (할당/ 대상) 누구에게 급여하는가?
- (급여) 무엇을(어떤 형태로) 급여하는가?
- (전달) 어떤 방법으로 급여를 전달하는가?
- (재원) 어떻게 재원을 조달하는가?

② 세 가지 축

- 대안 : 각 차원과 관련된 정책대안들의 범위
- 가치 : 그러한 대안들을 지지하는 사회적 가치
- 이론 : 그러한 대안들의 기초가 되는 이론이나 가정

③ 선택의 차원

〈표 2-11〉 **선택의 차원**

축 / 차원	대 안	가 치	이 론
할 당	• 기초생활 수급자 • 사회복지 대상자	• 선별주의/ 보편주의 • 비용 효과성/ 사회적 효과성	이론적 차원의 검토
급 여	• 현금/ 현물 • 기회/ 역량강화 • 할인/ 감면	• 평등/ 공평 • 소비자 주권/ 사회적 통제	
전 달	• 공공/ 민간전달체계 • 집권화/ 분권화	• 관료중심/ 시민참여 • 중앙통제/ 지방자치	
재 원	• 급여수준 • 부담방법 • 예산액	• 인간의 존엄성/ 사회적 적절성 • 평등성/ 공평성 • 중앙집권/ 지방분권	

(3) 성과분석틀

성과분석틀은 성과분석 혹은 성과연구를 위한 이론적 분석도구이다. 산출분석틀과 다소 중첩되는 부분도 있지만, 정책요소들을 좀 더 세분화하여 사회복지정책의 성과를 분석하고 최종적 평가를 할 수 있게 한 것이다. 보다 세밀한 산출분석을 위해 사용된다.

① 성과분석의 6가지 정책 요소

성과분석은 다음의 6가지 정책 요소가 없으면, 사회복지정책을 운영할 수 없다.

가. 목적 및 목표

나. 전달되는 급여나 서비스의 형태

다. 자격 규정

라. 서비스 전달을 위한 행정적·조직적 구조

마. 재원충당방법

바. 앞서 언급한 요소들 간의 상호작용

정리하기

1. 과정분석틀
   - 정책환경(정치적, 경제적, 시민사회적) 분석을 통해 체계이론적 관점을 가짐
2. 산출분석틀
   - 정책 자체를 대상으로 정책의 내용을 분석
   - 할당, 급여, 전달, 재원의 네 차원과 대안, 가치, 이론이라는 세 축으로 분석
3. 성과분석틀
   - 사회복지정책의 성과를 분석하고 최종적 평가 진행
   - 정책 요소(6가지 하위 유형) : 목적 및 목표, 급여와 서비스의 형태, 자격 규정, 행정과 서비스의 전달, 재원의 충당, 상호작용

CHAPTER 3

사회복지정책의 분석틀

1. 사회복지정책의 할당
2. 사회복지정책의 급여
3. 사회복지정책의 전달체계
4. 사회복지정책의 재원

CHAPTER 3

사회복지정책의 분석틀

1. 사회복지정책의 할당

1) 선별주의와 보편주의

'누구에게 사회복지 급여를 줄 것인가?'에 대한 문제는 '할당'에 관한 사항이다. '할당'의 가치, 대상, 방법을 선별 및 보편주의 관점에서는 상반되게 바라보며, 간략히 정리해 보면 표와 같다. 여기에서는 선별주의와 보편주의를 구체적으로 살펴보기로 한다.

〈표 3-1〉 선별주의와 보편주의

원 칙	선별주의	보편주의
가 치	비용효과적	사회효과성
대 상	개인(욕구)	모든 사람
방 법	자산조사	기본권

(1) 선별주의

선별주의는 자산조사를 통한 개개인의 욕구에 기초하여 사회복지서비스를 제공해야 한다는 입장으로 가족과 시장경제가 개인의 욕구충족과 복지의 일차적인 책임을 원활히 수행하지 못할 때 파생되는 사회문제를 해결하기 위해 사회복지제도가 등장한다고 보고 있다. 그렇기 때문에 보충적이고 임시적이고 이차적인 기능을 수행하며, 개인주의 가치/ 잔여적 모형을 따른다. 선별주의는 비용효과성에 의해 필요한 사람에게 제한적으로 급여를 하기 때문에 자원의 낭비를 줄이고, 비용의 절약에 있어서 비용효율적인 가치가 발생한다. 하지만 자산조사 과정과 급여를 받지 않는 사람들과의 사회적 관계에서 낙인이 발생할 수 있는 단점이 존재한다. 선별주의에 의거한 정책으로는 공공부조정책, 공공임대주택, 기초생활수급제도, 푸드스탬프 등이 있다.

(2) 보편주의

보편주의는 기본권으로서 모든 사람이 사회복지 서비스를 받아야 한다는 입장으로 개인이나 집단이 만족스러운 삶을 영위할 수 있도록 원조하기 위해 만들어진 사회서비스와 사회제도의 조직적인 체계로 규정하고 있다. 그렇기 때문에 사회문제의 발생을 예방하거나 경감하기 위해 부적절한 사회제도를 개선하는 데 초점을 두며, 집합주의 가치/ 제도적 모형을 따른다. 보편주의는 사회 효과성에 의해 사회적 권리를 보장하며 수혜자에게 심리적, 사회적 낙인을 가하지 않고, 행정절차가 용이하고, 시혜의 균일성을 유지할 수 있다. 또한 모든 시민의 구매력을 일정 수준에서 유지함으로써 경제적 안정과 성장에 기여하는 장점이 있다. 반면 전체 비용이 많이 들며, 한정된 자원을 꼭 필요한 부분에 효과적으로 사용하는 데 한계를 가진다. 보편주의에 의거한 정책으로는 수당제도(아동수당, 노인수당, 청년수당 등), 의무교육 등이 있다.

(3) 선별주의와 보편주의 비교

선별주의와 보편주의를 의미, 원칙, 대상, 이념, 모형, 장점, 단점, 가치로 비교해 보면 표와 같다.

〈표 3-2〉 선별주의와 보편주의 비교

구 분	선별주의	보편주의
의 미	기준에 따라 구분하여 복지서비스 제공	모든 국민에게 복지서비스 제공
원 칙	자산조사를 통한 대상자 선정	기본권에 입각한 권리
대 상	도움이 필요하다고 인정된 사람	모든 국민
이 념	개인주의	집합주의
모 형	잔여적 모형	제도적 모형
장 점	• 필요한 사람에게 서비스 집중 • 자원 낭비 최소화 • 적은 비용	• 최저 소득의 보장 • 행정 절차 용이 • 시혜의 균일성 유지 • 정치적 안정 및 낙인 예방
단 점	수혜자에게 심리적, 사회적 낙인 발생	한정된 자원을 꼭 필요한 부분에 효과적으로 사용하는 데 한계
가 치	비용효과성	사회효과성

① 비용효과성과 사회효과성

선별주의와 보편주의는 할당의 기준을 정하는 데 있어 비용효과성과 사회효과성의 가치를 따르고 있으며 그 특성은 표와 같다.

〈표 3-3〉 비용효과성과 사회효과성

구 분	내 용
비용효과성	• 자원의 낭비를 줄이는 데 목표 • 대상자에게 제공되는 사회복지 급여 단위당 비용이 적을수록 비용효과성이 높음 • 자산조사와 같이 고도의 선택성 요구
사회효과성	• 모든 개인을 동등한 사회구성원으로서 대우(보편적인 할당을 지향) • 잠재적으로 자격 요건을 가진 자가 대상으로 선정되는 과정에서 수치, 낙인이나 대상 선정 절차의 방해를 받아서는 안 됨

정리하기

1. 선별주의
   - 기준에 따라 구분하여 복지서비스 제공
   - 장점 : 필요한 사람에게 자원 집중, 자원 낭비 최소화, 적은 비용
   - 단점 : 심리적, 사회적 낙인 발생
2. 보편주의
   - 모든 국민에게 복지서비스 제공
   - 장점 : 최저 소득 보장, 행정절차 용이, 시혜의 균일성, 정치적 안정
   - 단점 : 한정된 자원의 효과적인 사용에 한계
3. 선별주의와 보편주의 비교
   - 선별주의 : 개인주의, 잔여적 모형, 비용효과성
   - 보편주의 : 집합주의, 제도적 모형, 사회효과성

2) 할당의 개념과 원칙

(1) 할당의 개념

할당(allocation)은 사회복지정책에서 대상자를 어떤 사람, 어떤 집단, 어떤 문제로 할 것이냐에 대한 논의를 의미한다. 즉, 할당은 사회복지급여를 누구에게 제공할 것인가? 자격요건을 어떻게 설정할 것인가? 등이 관심 영역이다. 특정 개인으로부터 사회 전체 또는 국민 전체에 이르기까지 그 범위와 구분이 매우 다양하고 복잡하다.

(2) 할당의 원칙

① 귀속적 욕구

귀속적 욕구는 욕구가 인구학적으로 구분되는 집단에 귀속된 것으로 보는 경우 급여를 제공하는 것으로, 이때의 귀속적 욕구는 전문가의 규범적 기준에 의해 결정된다. 귀속적 욕구로 대상을 선정할 경우, 사회통합 효과가 크고, 운영효율성이 높고, 수평적 재분배 효과가 높은 특징을 가진다. 이는 보편주의

할당 원리에 해당하며, 기초연금은 모든 노인에게 아동수당은 모든 아동에게 제공하는 것을 예로 들 수 있다.

② 보상

보상은 사회・경제적으로 특별한 공헌(기여)을 한 사람이나 사회로부터 부당한 피해를 입은 사람들에 대한 보상으로서 급여를 제공하는 것을 의미한다. 국가유공자나 독립유공자에 대한 급여나 사회보험의 경우, 일정 보험료를 납부한 사람이 대상이 된다.

③ 진단적 구분

진단적 구분은 각 개별적 사례에 대한 전문가나 행정가가 특별한 재화나 서비스가 필요한지를 판단하도록 하고 이를 근거로 급여를 지급하는 것을 의미한다. 욕구에 대한 기술적・진단적 기준을 근거로 하여 개인별 할당이 이루어진다는 점에서 선별주의 원리에 해당한다. 장기요양등급의 판정을 포함한 등급분류가 해당한다.

④ 자산조사

자산조사는 소득・재산조사를 통해 욕구를 확인하고 급여를 제공하는 것을 의미한다. 한 개인이 필요한 재화와 서비스를 구입할 능력이 없음을 증거로 하여 수급자격을 결정하는 것으로 자산조사의 원리는 욕구에 대한 경제적 기준(소득・재산)과 개인별 할당(대상자가 개인)이 된다. 선별주의적 자격 조건으로 국민기초생활보장제도, 의료급여제도 등이 해당한다.

앞서 설명한 할당에서 대상자 선정의 네 가지 원칙을 살펴보았으며 각 원칙들은 성격에 따라 집단적 할당과 개인적 할당으로 구분할 수 있다.

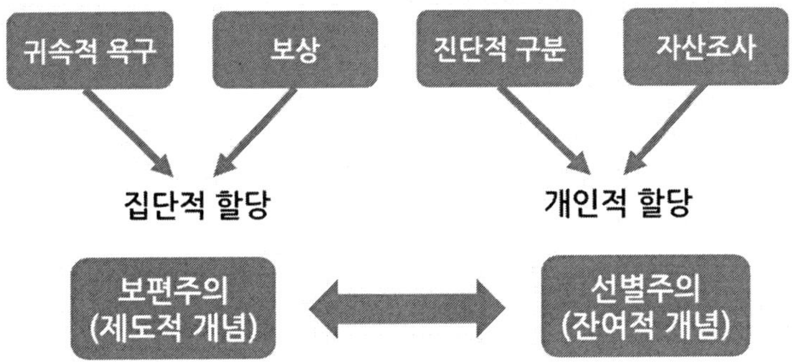

[그림 3-1] 할당의 원칙

(3) 급여의 자격기준

사회복지정책을 통해 국민에게 다양한 형태의 급여가 제공되고 있다. 급여의 종류에는 공공부조, 국민기초생활보장제도, 기초연금, 국민연금, 건강보험, 산재보험, 고용보험, 노인장기요양보험, 장애인연금, 아동·노령수당 등이 있으며, 구체적인 자격기준은 표와 같다.

〈표 3-4〉 제도별 급여 자격기준

구 분	내 용
공공부조	자산조사, 전문가 의견
국민기초생활보장 제도	• 자산조사(소득인정액 기준) 근로능력 유무(조건부수급자 선정 기준) • 인구학적 기준은 고려하지 않음
기초연금	인구학적 기준(만 65세 이상 노인), 자산조사(소득인정액 기준)
국민연금	인구학적 기준, 보험료 기여, 진단적 차별 등 자산조사는 포함되지 않음
건강보험	기여
산재보험	기여, 진단적 차별
고용보험	기여
노인장기요양보험	인구학적 기준, 진단적 차별, 자산조사는 포함되지 않음

장애인연금	인구학적 기준(만 18세 이상), 진단적 차별, 자산조사(소득인정액 기준)
아동·노령수당	인구학적 기준

정리하기

1. 할당의 개념
   - 사회복지정책에서 대상자를 어떤 사람, 어떤 집단, 어떤 문제로 할 것이냐에 대한 논의
2. 할당의 원칙
   - 귀속적 욕구 : 욕구가 인구학적으로 구분되는 집단에 귀속된 것
   - 보상 : 사회·경제적으로 특별한 공헌(기여)을 하거나 부당한 피해를 입은 사람에 대한 보상
   - 진단적 구분 : 각 사례별 전문가나 행정가가 판단하여 급여 제공
   - 자산조사 : 소득·재산조사를 통해 욕구를 확인하고 급여 제공

3) 할당의 왜곡과 부정적 효과

(1) 할당의 왜곡

① 대상자로 선정되었어도 급여를 받지 못하는 경우

이 경우는 대상자가 급여에 대해 관심이 없거나 사회복지사가 다가오는 것을 원치 않는 상황, 수치심을 느끼거나 낙인을 싫어하는 이유가 있을 수 있다. 종교적, 정치적 신념이나 혜택이 급여를 받기 위한 비용(시간적, 정신적, 금전적 비용)에 비해 크지 않을 경우도 해당된다. 또한 정신(경증)장애인의 경우, 대인관계나 취업상의 어려움이 가중되어 혜택보다는 불이익이 더 큰 경우가 있다.

② 급여에 대한 욕구가 강해도 급여를 받지 못하는 경우

이 경우는 대상자의 욕구보다는 개인적 능력에 의해 급여가 제공되는 상황으로 누가 급여를 받기를 원하는가보다는 누가 받을 자격(능력)이 있는가를

선별할 때 해당된다. 심각한 정서적, 반사회적, 중독 등의 태도를 가진 대상자는 급여를 제대로 활용하지 못할 것으로 판단하여 선정에서 제외되는 경우가 발생할 수 있다. 또한 장애인복지관의 프로그램 중 중증장애인보다는 경증장애인이 선호하는 프로그램이 다수인 경우 등이 예가 될 수 있다.

(2) 할당의 부정적 효과

① 낙인과 소외

낙인이란 일종의 심리사회적 현상으로서 사회복지급여를 받는 사람들이 무가치한 존재 혹은 사회적으로 인정받지 못하는 사람으로 간주되는 현상을 의미한다. 사회복지급여 대상자들이 범죄, 비행, 약물남용, 부랑, 게으름 등과 같은 일탈 현상과 연관된 경우가 많아서 자격요건의 설정과 관련하여 다른 사람들이 급여 대상자에게 가지게 되는 주관적·정서적 감정으로 작용하게 된다. 이로 인해 급여 대상자가 스스로를 무가치하고 보잘것없는 존재로 인식하게 되기도 한다.

소외는 사회학, 심리학적으로 여러 의미를 가지고 있으나, 사회복지정책에서는 자신이 살고 있는 사회의 주된 흐름에서 배제되는 것 같은 주관적인 감정을 의미한다. 모든 급여 대상자가 일탈행동과 상관관계가 있는 것은 아니지만, 일탈의 가능성이 상대적으로 높은 것 또한 사실이다. 따라서 자격요선을 수립하고 급여를 신청하고 서비스를 제공하는 과정에서 부정적인 감정을 갖지 않게 하는 방법이 강구되어야 한다.

② 급여의 목표 이탈

급여의 목표 이탈은 급여가 당초의 정책목표에서 벗어나서 사용되는 것을 의미한다. 모든 사회복지급여는 먼저 사회복지정책상의 목표가 결정된 후에 제공되어야 한다. 급여의 목표 이탈로 생기는 문제는 당초 정책목표 설정 때 예상하지 못한 상황 발생(금리변화), 사람들이 인위적으로 목표를 벗어나서 급여를 사용하는 경우(아동 수당의 생계비 전용) 등이 있다.

③ 과다 비용, 과대 이용

이 경우는 의료보험 분야에서 자주 발생하며, 중복 의료서비스의 이용 등으로 의료비용이 과다하게 드는 것과 과대한 서비스 프로그램의 이용으로 비용이 증대되는 것이 해당된다. 전 세계적으로 노인인구의 증가로 말미암아 과다 비용, 과대 이용의 문제가 심각하게 발생하는 경향이 있으며, 이는 사회복지 재정의 파탄과 재정 악화 현상 발생의 원인을 제공할 수 있다.

④ 근로의욕의 저하

사회복지정책은 납세자와 급여수급자 모두의 근로의욕에 영향을 미친다. 다만, 자격요건의 형태와 급여수준, 근로능력, 개인적·가족적 특성 및 한 사회의 사회경제적 상황과 가치관 등에 따라 사회복지급여가 근로의욕에 미치는 영향에는 차이가 존재한다. 일반적으로 소득과 자산조사를 통한 급여 제공 방식은 근로의욕을 저하시키는 경향을 나타낸다.

⑤ 세대 연속 의존

세대 연속 의존은 빈곤이 부모세대에서 자녀세대에 이르기까지 지속되어 빈곤의 세습화가 될 가능성을 의미한다. 계층 간 이동이 열려 있고, 빈곤해소를 위한 사회적 장치와 노력이 있다 하더라도 자본주의 사회에서 빈곤의 악순환을 떨쳐 내기는 쉽지 않다. 또한 사회복지급여는 의존성을 갖게 하고, 노동의욕을 약화시켜 세대 연속으로 사회복지급여에 의존하게 하는 부정적인 영향을 미칠 수 있다.

정리하기

1. 할당의 왜곡
   - 대상자로 선정되었어도 급여를 받지 못하는 경우
   - 급여에 대한 욕구가 강해도 급여를 받지 못하는 경우
2. 할당의 부정적 효과
   - 낙인과 소외
   - 급여의 목표 이탈
   - 과다 비용, 과대 이용
   - 근로의욕의 저하
   - 세대 연속 의존

2. 사회복지정책의 급여

1) 급여의 목표

사회복지급여는 사회복지정책의 선택결과에 있어서 '무엇을' 사회복지대상자에게 전달할 것인가 하는 문제에 관한 것이다. 사회복지급여는 복지욕구가 충족되지 않은 사람들에게 욕구충족을 할 수 있도록 제공되는 자원의 형태이며, 급여형태에 따라 정책의 목표달성도가 달라진다. 예방, 재할, 보상이라는 목표를 추구한다.

(1) 급여 목표의 종류

① 예방적 목표

예방적 목표가 가지는 특징은 일반적으로 문제의 발생을 예방하고, 문제 상황의 조기발견과 조기해결을 위한 원조활동을 의미하며, 사회적 문제나 위험의 발생을 사전에 예방하게 된다면 복지 측면에서 상당히 긍정적인 효과를 가져올 수 있다. 복지 측면뿐만 아니라 경제적으로도 매우 효과적으로, 피해의

발생으로 인해 개인이 입게 되는 복지 수혜의 감소, 문제 방지 및 피해보상의 일환으로 사회복지정책에서 제공되는 급여의 비용을 절감할 수 있다.

예방적 목표의 프로그램은 피해의 사전적 예방을 목표로 다양한 형태의 급여 프로그램을 운영하고 있으며, 구체적인 내용은 표와 같다.

〈표 3-5〉 **예방적 목표의 종류와 내용**

구 분	내 용
건강보험	건강검진을 통한 질병 예방
산업재해보상보험	근로감독을 통한 산업재해 예방
고용보험	직업능력 향상 교육을 통한 실업 예방

② 재활적 목표

재활은 인간답게 살아가기 위한 알맞은 권리, 자격, 존엄이 어떤 원인으로 인해 상처받은 사람에 대하여 그 권리, 자격, 존엄 등을 회복하는 것을 의미한다. 그렇기 때문에 재활적 목표는 신체장애인에 대해서 신체만이 아닌 정신적, 사회적, 경제적, 직업적으로 가능한 생활 능력의 회복을 도모하는 과정을 포함하게 된다. 이는 의학적, 직업적, 사회적, 교육적 재활로 구분할 수 있다.

가. 의학적 재활

의학적 재활은 육체적·정신적 병리현상을 치유하기 위한 프로그램을 의미하며, 목표에 도달하게 되면 직업적 재활이나 사회적 재활을 유도하게 된다. 신체장애의 치료, 제거에 노력하며, 영속적 장애의 경우, 건전한 기능과 잔존 기능 재개발에 초점을 둔다. 의지, 보장구, 휠체어, 지팡이 등을 사용하여 장애인 개인의 기능저하를 개선하기 위한 프로그램을 제공하다.

나. 직업적 재활

직업적 재활은 신체적 기능의 저하로 인해 상실된 근로능력을 재차 회복할 수 있도록 지원하는 직접적 방법, 보장구와 같은 각종 보조기구의 활용방법에 대한 교육을 통하여 손상된 작업능력을 보완해 주는 간접적 방법을 활용한다.

다. 사회적 재활

사회적 재활은 일생생활의 영위와 사회적 교류를 지원하기 위하여 이루어지는 각종의 프로그램을 의미한다.

라. 교육적 재활

교육적 재활은 의학적 재활과 병행하여 아동에 대해서 행해지는 특수교육을 의미한다.

③ 보상적 목표

보상적 목표가 가지는 특징은 국민이 입게 되는 경제적, 육체적, 정신적 피해를 보상해 주기 위한 다양한 종류의 프로그램을 의미하며, 사회보험제도의 가입 조건과 보험료 납부실적을 가진 사람을 대상으로 하는 경우, 사회적 희생자를 대상으로 하는 경우가 있다. 여기에서 중요한 것은 형평성에 맞춰 전문가가 규범적으로 판단한 특정 집단을 대상자로 선정하는 것이다.

보상적 목표는 소득대처형, 소득보충형, 생활보장형 급여가 있으며, 구체적인 내용은 표와 같다.

〈표 3-6〉 보상적 목표의 급여 내용

구 분	내 용
소득대처형 급여	개인이 노령, 실업, 폐질 등의 사유로 소득활동을 중단하게 되었을 때
소득보충형 급여	질병의 치료나 주거의 제공 및 아동양육 등의 사유로 개별 가계의 경제적 부담이 가중될 때
생활보장형 급여	국가와 민족을 위해 활동한 사람(군인, 경찰, 국가유공자 등)이 상해, 사망, 근로능력 상실로 생활이 빈곤하게 될 때

정리하기

1. 급여의 목표
   – '사회복지 대상자에게 무엇을 줄 것인가'
2. 급여목표의 종류
   – 예방적 목표 : 문제의 발생을 예방(조기발견, 조기예방)
   – 재활적 목표 : 신체적, 정신적, 사회적, 경제적, 직업적으로 가능한 생활능력의 회복을 도모하는 과정(구분 : 의학적, 직업적, 사회적, 교육적 재활)
   – 보상적 목표 : 국민이 입게 되는 경제적, 육체적, 정신적 피해를 보상해 주기 위한 다양한 프로그램

2) 급여의 유형

(1) 급여의 유형

급여의 유형은 '무엇을 사회복지급여로 제공할 것인가'를 결정하는 것이며, 어떤 형태의 사회복지급여가 대상자의 욕구를 효과적으로 충족시키는가 하는 문제에 관한 것이다. 사회복지정책을 통해 달성하려는 정책목표에 따라 급여내용, 급여유형, 급여수준, 가치지향이 결정되며, 기본적 급여와 사회적 급여로 구분할 수 있다. 급여의 유형을 구체적으로 살펴보면 표와 같다.

〈표 3-7〉 **급여의 유형**

유 형	정책영역	예 시
현 금	공공부조, 사회보장 연금	금전
현 물	시설생활자, 장애인 등	쌀, 옷, 보장구
서비스	건강보험	의료서비스
기 회	국민기초생활보장 제도	자녀 취업, 진학
증 서	공공부조, 민간사회복지시설	상품권, 식권, 승차권
권 력	공・사복지정책 결정	자문, 운영위원 참여

(2) 기본적 급여

① 현금급여

현금급여는 복지수급자에게 서비스가 '화폐' 형태로 전달되어 개인이 사회적 장애요인을 극복할 수 있는 경제적 능력을 갖출 수 있도록 소득의 형태로 제공되는 급여를 의미한다. 그 예로 국민연금(노령연금, 장애연금, 유족연금), 건강보험(질병수당), 산재보험(장애수당), 고용급여, 가족수당, 아동수당, 주택수당 등이 있다.

현금급여가 가지는 장점으로는 수급자의 자유의지를 존중하고, 수치심이나 낙인을 줄여주며, 존엄성을 보장해 줌으로써 당사자의 복지수준을 증진하는 효과를 가져다준다(권리, 자유, 자기결정권 보장). 자본주의 경제원리에 적합(시장상품의 소비)하며, 사용이 편리하고, 행정적 처리가 수월하고, 비용도 적게 든다. 또한 수급자의 효용을 극대화할 수 있고, 사회적 차원의 효율적 배분이 가능하다.

현금급여가 가지는 단점으로는 수급자의 부당한 소비행위를 통제할 수 있는 수단이 결여되어 있다는 것이며(알코올, 약물, 마약 등의 구매력을 지원), 급여수준의 과부족 문제로 현금급여와 실제 시장에서 요구되는 상품의 가치가 괴리되는 현상이 발생할 수 있다. 또한 수급자의 효용은 높일 수 있으나, 사회 전체의 효용을 높이는 것과는 무관하며, 모든 수급자가 합리적인 선택을 하지는 못한다는 것이다.

② 현물급여

현물급여는 상품이나 현물의 형태로 전달되는 급여로 복지국가 이전에는 중요하였으나, 복지국가 이후부터 국가에 의한 본격적인 소득보장정책이 발전되면서 현금급여보다 상대적으로 비중이 약해졌다.

현물급여가 가지는 장점은 수급자의 소비 통제력이 크므로 복지정책목표에 적합, 개인의 부적절한 소비 행위를 통제함으로써 정책목표의 효율성을 높일 수 있다. 가장 경제적인 방법으로 복지상품을 생산할 수 있는 여건을 통해 생산단가를 낮출 수 있다. 현금에 비해 재분배의 효과가 높고, 정치적 측면, 평등 차원에서 선호하고 있다.

현물급여가 가지는 단점은 국가나 사회복지기관이 급여의 종류와 수준을 결정하므로 복지수급자의 실제적 복지욕구를 무시하게 된다. 또한 복지상품을 표준화, 규격화, 획일화시켜 다양하고 전문적인 사회적 욕구에 적절하게 대처할 수 없다. 복지수급자에게 낙인이나 모욕감을 주거나 상품의 생산을 위해 사전에 요구되는 설비 투자 비용이 과도하게 지출되고 시장원리의 부재로 각종 비효율성 문제와 관료화의 문제가 발생할 수 있다.

③ 현금급여와 현물급여의 차이점

현금급여와 현물급여의 차이점을 구체적으로 살펴보면 표와 같다.

〈표 3-8〉 **현금급여와 현물급여의 차이점**

구 분	현금급여	현물급여
주요 내용	화폐의 형태	현물의 형태
장 점	• 선택의 자유 극대화 • 생산 및 관리 비용 절감 • 행정적 편의 제공	• 대량생산과 분배로 낭비를 줄임 • 재분배의 효과 • 용도 외 사용을 막아 목표 달성 용이
단 점	• 용도 외 사용 가능 • 급여수준과 상품가격 간 괴리 발생	• 선택의 자유 제한 • 시장기능의 제약 • 복지상품의 표준화 및 규격화의 어려움 • 많은 관리비용

(3) 사회적 급여

① 증서(Voucher, 상환권)

증서는 현금급여와 현물급여의 장점들을 살릴 수 있는 제3의 급여형태이다. 증서는 교환가치를 가지며, 일정한 범위 안에서 본인이 원하는 재화나 서비스를 자유롭게 선택하거나 다양한 자원으로 교환할 수 있는 급여이다. 푸드스탬프, 교육증서, 주택증서 등이 예가 될 수 있다.

② 기회

기회는 의도한 목표를 달성하기 위해 취해지는 인센티브나, 제재 등을 가하거나, 동기를 부여하는 것을 의미한다. 사회 내의 불이익 집단 또는 특별히 사회에 공헌한 사람들에게 취업이나 교육 또는 승진, 시험 등에서 다른 사람들보다 많은 기회를 제공하는 것 등이 예가 될 수 있다. 사회복지정책은 기회 창출과 이익 배분과 관련된 것으로 우선권 부여, 시민권의 보장, 기타 기회의 제공 등이 있다.

또한 과거에 받은 부정적 차별(사회적 약자에 대한 손해)에 대해 보상하는 차원에서 다른 사람들과 적극적 차별(사회적 약자 또는 불이익 집단에 더 많은 이익을 제공하는 형태)을 해야 한다는 것을 포함한다. 이는 노동시장의 경쟁에서 불리한 것을 제거, 보완함으로써 사회적 약자의 소득을 높이는 사회복지정책 등이 예가 될 수 있다. 기회는 직접적 교환가치가 없고, 타인에게 양도할 수 없으며, 다른 형태의 급여와 바꿀 수 없는 특징을 가지고 있다.

③ 서비스

서비스는 가정보호, 개인상담, 사례관리(case management), 직업훈련 등과 같이 수급자를 위한 제반 활동으로 시장에서 다른 재화와 교환할 수 없는 복지급여를 의미한다. 서비스 급여는 유동성이 크며, 무형의 것으로 제공자의 전문성이 요구되며, 표준화 작업도 사실상 어려움이 존재한다. 서비스 제공

대상도 노인, 청소년, 아동, 가족, 장애인 등으로 다양하며, 서비스의 내용도 사례관리, 교육, 상담, 치료, 지도, 재활, 보호, 의료, 직업훈련 등에 걸쳐 광범위하다.

④ 권력

권력은 재화나 자원에 대한 영향력을 재분배하는 것과 관련하여 의사결정을 특정 집단에게 이양하는 정책을 의미한다. 정책 및 의사결정의 시민참여, 각종 위원회 참여 등이 포함되며, 권력도 기회처럼 복지대상자들에게 실질적으로 이익이 되는 데는 어려움이 존재한다. 기득권자의 합리화를 위한 도구로 전락할 가능성이 높다.

정리하기

1. 급여의 유형
   - '무엇을 사회복지급여로 제공할 것인가'
2. 기본적 급여
   - 현금 : 복지서비스가 현금의 형태로 전달되는 것
   - 현물 : 복지서비스가 현물의 형태로 전달되는 것
3. 사회적 급여
   - 증서 : 교환가치가 있는 증서를 원하는 재화나 서비스로 교환
   - 기회 : 인센티브나 제지 등을 가하거나 동기를 부여하는 것
   - 서비스 : 수급자를 위한 제반 활동
   - 권력 : 재화와 자원에 대한 영향력을 재분배하는 것

3) 급여의 수준

(1) 급여수준의 결정

① 급여수준의 결정

대부분의 국민들은 사회복지정책급여의 수준에 많은 관심을 가진다. 이는 사회복지정책의 급여가 어느 정도의 수준으로 제공되는지에 따라 국민의 복지 수준과 삶의 질에 영향을 미치기 때문이다. 사회복지정책의 급여수준은 일반적으로 적정선을 최저기준(하한선)으로 하고, 균등선을 중간축으로 하며, 형평성에 입각하여 일정한 상한선의 범위 내에서 상하로 신축성 있게 하는 것이 이상적이다.

② 급여사유에 따른 수준

급여사유는 속성적 수요, 보상, 진단, 자산조사 등이 있으며 이에 따른 수준의 구체적인 내용은 표와 같다.

〈표 3-9〉 **급여사유에 따른 수준**

급여사유	급여수준
속성적 수요	욕구에 따라 균등선에 가깝도록 급여수준 결정
보 상	사회적 공헌도나 사회적 편견에 의한 희생을 보상받을 수 있을 정도로 충분함(적어도 균등선 유지)
진 단	전문가의 진단에 기초하여 재활이 가능한 최소한의 급여수준 유지
자산조사	최저한의 경제적 욕구를 충족시킬 수 있는 하한선, 즉 최저생계비인 빈곤선 유지

③ 복지정책급여의 수준

복지정책의 급여수준은 해당 국가가 지니고 있는 사회・경제적 사정에 따라 결정되며, 복지수급자의 갹출액, 복지수급자 본인의 개별적 수요, 일반인의 평균적 수요, 복지수급자의 과거 소득 등이 기준이 된다. 복지정책의 급여수준을 책정할 때 고려되어야 할 내용으로는 사회적 효과와 비용 효과가 있다.

사회적 효과	• 복지정책이 근로동기유발이나 기타사항에 미치는 사회적 영향 • 부양가족급여와 같은 경우의 산출증가 영향, 자산조사 시의 낙인방지, 명예보장 등
비용 효과	복지예산과 복지정책의 산출성과 비교분석

④ 급여수준이 '최저생활'에 한정되는 이유

자본주의 체제의 기본 질서는 '자기책임의 원칙'이 전제된다. 급여의 '최저생활' 내용은 하한선이 되고, 국민최소한의 경우에 있어서도 고정적・절대적 수준이 아니라 경제적・사회적 조건의 규정에 따라 계속해서 변화하는 상대적 개념으로 파악하고 있다. 그 결과 급여의 '최저생활' 수준은 한 국가에서 일정한 시기의 최저임금수준에 의해 규정되는데, 원칙적으로 저임금수준 이상이 될 수는 없다.

(2) 공공부조와 사회보험의 급여수준

① 공공부조의 급여수준

빈곤은 인간이 생존하기 어렵다고 생각되는 한계선 이하의 상태, 남이 보기에 너무 추악하지 않은 생활수준을 유지하기에 필요한 생활필수품의 부족 상태를 의미한다. 빈곤의 수준은 생존(생명유지)에 필요한 최저한 소득이 필요한 절대적 빈곤과 부유층에 비해서 사치스럽지는 않지만 의식주, 교육, 오락 등에 걸쳐서 적어도 기본 욕구를 충족시킬 수 있는 생활의 유지 상태인 상대적 빈곤으로 구분한다. 이에 따라 공공부조는 복지수급자 본인의 개별적인 욕구와 일반 국민의 평균적인 욕구에 의해 급여수준 결정이 된다. 공공부조의 급여수준은 빈곤선 또는 저소득 수준이 기준이 되며, 빈곤을 해소하기 위한 물질적 급부가 이루어진다.

공공부조정책은 빈곤의 기준을 '소득'과 최저수준'에 두고, 일반 사회복지정책은 '생활'과 '적정 수준'에 둔다. 빈곤선은 정부의 일방적 의사결정에 의해서 이루어지고, 수준은 최저한의 생활수준을 벗어나지 못하는 것이 현실이다. 소득과 최저생활수준 양자를 산정한 후, 소득이 최저생계수준에 미달되는 상태에 의해서 결정한다.

② 사회보험의 급여수준

사회보험은 사회복지정책 수혜자의 갹출액과 과거 소득에 의해서 사회복지정책 급여수준을 결정한다. 사회보험은 주로 중산근로계층의 과거 소득인 임금과 연관되는 갹출금을 재정기금으로 하여 급여를 제공한다. 사회보험 급여의 적정성을 정하기 위한 기준으로 균일급여, 비례급여, 부양수준의 원칙 등이 있으며, 구체적인 내용은 표와 같다.

〈표 3-10〉 **사회보험의 급여 원칙**

원 칙	내 용
균일급여의 원칙	• 보험급여는 어느 수혜자에게도 같은 금액의 급여를 행한다는 원칙 • 최저기준선까지는 누구라도 동일하게 제공
비례급여의 원칙	• 각 개인의 임금, 보수 등에 비례하는 급여 제공(개인별 급여제) • 자본주의 사회에서 자유의 양을 최대한 보장
부양수준의 원칙	• 생활보장의 총액과 수혜자의 자력을 합한 것이 최저생활이 되도록 한다는 원칙 • 자산조사를 요건으로 하는 공공부조 급여

(3) 현금급여와 현물급여의 급여수준

① 현금급여의 급여수준

현금급여의 수준은 개인의 경제적·사회적 상황은 물론 복지정책에 따라 다르다. 급여산정의 기준으로는 개인의 욕구 수준, 국가에 의해 일률적으로 책정된 금액, 개인의 종전 소득 등이 될 수 있다. 현금급여의 수준별 유형을 도식화하면 그림과 같다.

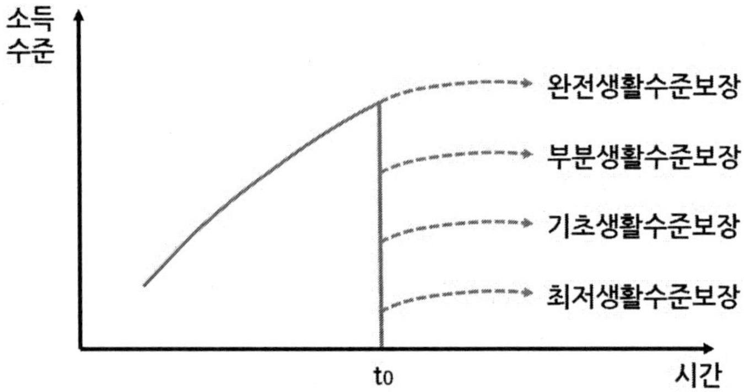

|그림 3-2| **현금급여의 수준별 유형**

출처 : 이정우(2004). 사회복지정책론. 학지사, p. 272.

수준별 유형의 구체적인 내용은 표와 같다.

〈표 3-11〉 **수준별 유형**

유 형	내 용
완전생활수준보장	사회적 문제의 발생으로 인한 소득의 단절현상에도 불구하고 개인이 종전과 동일한 생활수준을 영위할 수 있도록 하는 것
부분생활수준보장	개인이 사회적 문제로 상실된 소득의 일정 부분을 보상해 주는 것
기초생활수준보장	개인에게 사회문화적 최저수준의 소득을 보장해 주는 것
최저생활수준보장	육체적 최저생존을 위해 반드시 필요로 하는 수준의 소득을 보장해 주는 것

② 현물급여의 급여수준

현물급여는 물질적 재화나 상품의 형태로 제공되는 급여를 의미하며, 무상제공 또는 본인부담금을 지급해야 하는 것으로 구분하며 구체적인 내용은 표와 같다.

〈표 3-12〉 현물급여의 급여수준

구 분	장단점
무상제공	급여의 과잉수급 등 낭비의 문제 발생
본인부담금	• 개인의 합리적 소비 유도(장점) • 분배적 불평등 문제 발생(단점)

정리하기

1. 급여수준의 결정
   - 적정선을 최저기준으로 균등선을 중간축으로, 형평성에 입각하여 신축성 있게 하는 것
2. 공공부조와 사회보험의 급여수준
   - 공공부조 : 복지수급자 본인의 개별적 욕구와 국민의 평균적 욕구에 의해 결정
   - 사회보험 : 사회복지정책 수혜자의 갹출액과 과거 소득에 의해 결정
3. 현금급여와 현물급여의 급여수준
   - 현금급여 : 개인의 경제적·사회적 상황, 복지정책에 따라 상이
   - 현물급여 : 물질적 재화나 상품의 형태로 제공

3. 사회복지정책의 전달체계

1) 전달체계의 개념

(1) 전달체계의 개념

사회복지정책의 전달체계는 정책의 대상과 정책에서 제공하는 급여가 결정된 후 선정된 급여를 해당 대상자에게 제공하는 제도를 의미한다. 또한 사회복지서비스의 제공자들 사이 또는 공급자와 수급자 사이를 연결하기 위한 조직적, 구조적, 기능적 장치이며, 서비스 제공자와 서비스 이용자 사이에 존재하는 조직 형태이기도 하다. 이를 도식화하면, 다음 그림과 같다.

|그림 3-3| 사회복지정책의 전달체계

전달체계를 좀 더 구체적으로 살펴보면 먼저 입안자가 정책을 수립할 때 정책이 추구하는 가치의 실현과 목표를 달성하기 위하여 정책대상자에게 무엇을(급여 : 혜택), 어떻게 제공할 것인가(전달체계)에 대한 실천적 전략을 선택하게 된다. 여기에서 '무엇을 제공할 것인가?=급여'를 의미하고, '어떻게 전달할 것인가?=전달체계'를 의미한다. 사회복지서비스를 공급하는 주체 사이에 구조와 기능이 어떻게 분류되어 있는지를 바탕으로 행정체계와 집행체계로 구분해 볼 수 있다.

(2) 전달체계의 분류

① 행정체계

행정체계는 서비스 전달을 기획, 지휘, 지원, 관리하는 등 주로 기획과 관리 기능을 수행하는 조직이나 인력이 되며, 기획관리 등 주로 행정이나 정책 기능만 담당한다.

② 집행체계

집행체계는 서비스 공급자와 수혜자가 직접 상호 접촉을 가지면서 일정한 장소에서 서비스를 전달하는 업무를 실제로 수행하는 조직이나 인력을 의미한다. 행정체계의 규제, 감독, 지원을 받아서 복지업무를 일선에서 실행하고, 전달자가 수혜자에게 직접 전달하며, 집행체계에 의하여 복지정책이 수요자에게 전달(사회복지전담공무원)된다. 급여의 직접적 전달업무 외에 수혜자와의 상담계획 수립, 행정상 필요한 회의 참석 등 행정 기능도 수행하고 있다.

(3) 전달체계의 평가기준

① 학자들의 평가기준

학 자	내 용
길버트와 테렐 (Gilbert & Terrell)	• 서비스가 통합되고 지속적임 • 서비스가 클라이언트에게 쉽게 접근 가능 • 전달체계는 활동과 결정에 대하여 책임성을 유지할 수 있어야 함
펄만 (Perlman)	• 모든 사회복지기관이 클라이언트를 돕기 위한 일련의 과업을 수행하는 데 이상적인 기능 ① 투입 기능, ② 책임 기능, ③ 서비스 제공 기능, ④ 계획 및 통제 기능

② 재화 및 서비스 속성에 따른 평가기준

전달체계는 공공재적 성격의 정도와 외부효과의 크기에 따른 차이, 이용자가 합리적으로 선택할 수 있는 가능성의 차이가 존재한다. 전달체계의 속성상 대규모 혹은 강제적으로 제공되는 것이 기술적 측면에서 바람직할 수 있는 역선택의 문제가 발생하거나 복수의 전달체계에서 보완적으로 제공되는 것이 바람직한 경우가 생길 수도 있다.

③ 평가요소에 따른 기준

평가요소로는 평등성, 통합성, 지속성, 효율성, 경쟁성, 접근성, 책임성, 선택의 자유성, 재화나 서비스의 오남용 등이 있으며, 그 내용은 다음과 같다.

〈표 3-13〉 **평가요소에 따른 기준**

평가요소	내 용
평등성	• 소득재분배나 사회적 적절성의 목표달성 여부 • 평등의 기준을 우선적으로 고려
통합성	재화나 서비스에 대한 조정과 체계화가 필요
지속성	지속적으로, 안정적으로 제공
효율성	• 충분한 정보와 합리적 선택으로 효율적 배분 • 신속하고 정확하게
경쟁성	가격과 질적인 면에서 유리하게 구매
접근성	시간적, 공간적으로 쉽게 이용
책임성	독점적 전달체계하에서의 책임성 약화 우려
선택의 자유성	수급자의 '선택의 자유' 정도
재화나 서비스의 오남용	• 재화와 서비스의 일방적 제공으로 오·남용의 문제 발생 우려 • 조정과 통제 능력이 높은 공공부문이 유리

정리하기

1. 전달체계의 개념
   - 사회복지서비스의 제공자들 사이 또는 공급자와 수급자 사이를 연결하기 위한 조직적, 구조적, 기능적 장치(어떻게 전달할 것인가)
2. 전달체계의 분류
   - 행정체계 : 주로 기획과 관리기능을 수행하는 조직이나 인력
   - 집행체계 : 일정한 장소에서 서비스를 전달하는 업무를 실제로 수행하는 조직이나 인력
3. 전달체계의 평가기준
   - 재화 및 서비스 속성 : 공공재적 성격의 정도와 외부효과의 크기, 이용자의 합리적 선택, 대규모 혹은 강제적 제공의 바람직성, 복수의 전달체계에서 보완적 제공
   - 전달체계 평가요소 : 평등성, 통합성, 지속성, 효율성, 경쟁성, 접근성, 책임성, 수급자선택의 자유, 재화 및 서비스 오·남용의 방지

2) 공공전달체계와 민간전달체계

(1) 전달체계의 구분

사회복지 재화나 서비스는 여러 영역에 걸쳐 다양하기 때문에 전달방법도 다양하다. 전달체계는 "정책이 제공하고자 하는 서비스 또는 급여가 얼마나 효율적으로 목표한 대상자에게 전달될 수 있는가"의 문제이다. 그러므로 전달체계가 정책의 가치와 목표에 얼마나 부합되게 '효율적이며 적절한 형태로 설계되었는가'가 정책의 성공에 영향을 미치게 된다. 사회복지전달체계는 중앙정부, 지방정부, 중앙정부와 지방정부의 혼합, 정부와 민간의 혼합체계 등이 있다. 공급주체에 따라 공공전달체계는 중앙정부, 지방정부(조세 운영), 민간전달체계는 개인, 비영리단체, 기업(민간자원 운영), 혼합전달체계는 중앙정부와 지방정부, 정부와 민간으로 구분해 볼 수 있다.

(2) 공공전달체계와 민간전달체계

① 공공전달체계

공공전달체계는 국가 또는 지방자치단체가 수립하고 직접 운영의 주체가 되는 것으로 오늘날 복지국가에서 제공되는 재화나 서비스의 대부분은 중앙정부에서 급여 자격과 급여액, 재원, 세부적 전달체계 등에 관한 전반적인 것을 결정하여 실시하고 있다. 지방정부 단독으로 사회복지재화나 서비스를 제공하는 경우는 드물지만, 사회복지정책에 관여하는 역할은 매우 크다. 공공전달체계를 구분해서 살펴보면 표와 같다.

〈표 3-14〉 **공공전달체계**

구 분	내 용
주 체	중앙정부, 지방정부
분 야	소득보장(사회보험, 공공부조)이 핵심
운 영	조세
대 상	전 국민
장 점	보편적, 안정적, 지속적 서비스 제공
단 점	일선 행정체계의 획일화, 지역 특성과 욕구 반영 미흡, 대상자 중복지원과 누락 가능성

② 민간전달체계

민간전달체계는 대부분 사회복지서비스에 집중되어 있다. 사회복지 공급주체에 따라 다소 상이하나 대개 정부의 부분적인 행・재정적 지원과 지도감독 아래 다양한 형태와 방법으로 전달체계를 수립하여 운영하고 있다. 전 국민의 복지 실현을 지향하는 복지국가는 자본주의의 취약점인 시장 원리의 단점과 평등성 추구의 어려움 때문에 국가적 개입(보조금)이 필연적이다. 민간전달체계를 구분해서 살펴보면 표와 같다.

〈표 3-15〉 **민간전달체계**

구 분	내 용
주 체	개인, 비영리단체, 기업
분 야	자선사업, 민간 사회복지기관(시설), 기업복지
운 영	민간자원
대 상	일정 요건의 서비스 대상자, 대상기준의 탄력성
장 점	• 정부서비스 비해당자에 대한 서비스 • 정부가 제공할 수 없는 서비스 제공 • 민간의 사회복지 참여욕구 수렴 • 국가의 사회복지비용 절감
단 점	• 재정과 프로그램의 취약성 • 서비스의 지속성 저하 • 서비스 간 연계 부족(통합적 서비스 제공 어려움)

③ 공공과 민간 전달체계의 혼합

혼합전달체계는 정부와 민간부문의 혼합체계를 통해 민간부문에서 시장원리의 장점(효율성, 경쟁성, 선택의 자유, 접근성, 대응성, 융통성 등)을 강화하고, 민간부문의 단점인 공공재적 성격의 재화를 제공하기 어려운 점과 평등성 추구의 곤란, 규모의 경제에 있어서의 취약점, 재정 취약에서 오는 지속성, 안정성 등을 정부가 보완하고 있다. 공공과 민간 전달체계의 혼합을 구분해서 살펴보면 표와 같다.

〈표 3-16〉 **공공과 민간 전달체계의 혼합**

구 분	내 용
주 체	중앙정부와 지방정부의 혼합, 정부와 민간의 혼합, 공공과 민간의 혼합
운 영	조세와 민간 자원(공공과 민간의 혼합)
대 상	전 국민
장 점	시장원리의 장점 극대화 (효율성, 경제성, 선택의 자유, 접근성, 대응성, 융통성)
단 점	시장경제의 모순(불평등)이 나타남

(3) 전달체계의 선택

① 전달체계의 선택

사회복지정책은 국가에 따라 전달체계가 다소 상이하다. 사회복지정책을 계획하고 수립하는 과정에 어떤 전달체계가 바람직할 것인가는 여러 가지 요소 또는 변수에 의해 결정되는 '선택'의 문제이다. 정치적 성향과 밀접한 관련이 있으며, 전달체계의 기준과 정책을 통해 얻으려는 정책의 목표와 이념, 급여의 내용, 재정적 여건, 행정기술과 전문적 인력의 능력 등이 전달체계의 선택에 영향을 미친다. 전달체계 선택에 영향을 미치는 요인을 살펴보면 표와 같다.

〈표 3-17〉 전달체계 선택에 영향을 미치는 요인

구 분	내 용
사회복지 정책목표와 이념	사회복지정책의 최종목표와 그 이념적 성향에 의해 좌우
급여의 내용	급여의 내용이 현금, 현물, 서비스, 증서, 기회, 권력 등의 유형에 따라 전달체계를 달리하는 것이 바람직함
재정적 여건	사회복지정책의 목표를 달성하기 위해 자원(인적·물적 비용 등) 확보가 반드시 선행되어야 함
행정기술과 전문적 인력의 능력	• 행정구조를 기술적으로 개선하여 효율성을 극대화하는 것(시스템화) • 클라이언트의 접근구조를 개선하는 것 • 전달체계에 투입되어 있는 전문 인력의 능력을 극대화하는 것

정리하기

1. 전달체계의 구분
   - 전달체계는 "정책이 제공하고자 하는 서비스 또는 급여가 얼마나 효율적으로 목표한 대상자에게 전달될 수 있는가"의 문제
   - 공급주체에 따라 공공, 민간, 혼합 전달체계로 구분

2. 공공전달체계와 민간전달체계
   - 공공전달체계 : 중앙정부, 지방정부
   - 민간전달체계 : 대부분의 사회복지서비스
   - 혼합전달체계 : 중앙정부와 지방정부, 정부와 민간, 공공과 민간
3. 사회복지전달체계의 선택
   - 전달체계 선택에 영향을 미치는 요인 : 사회복지 정책목표와 이념, 급여의 내용, 재정적 여건, 행정기술과 전문적 인력의 능력

3) 전달체계의 혼합

(1) 중앙정부와 지방정부의 혼합

중앙정부와 지방정부는 공공 전달체계의 핵심적 역할을 수행하고 있으며, 각 전달체계는 장점 및 단점을 함께 가지고 있다. 이에 대한 구체적인 내용은 표와 같다.

〈표 3-18〉 **중앙정부 및 지방정부 전달체계의 장단점**

구 분	장 점	단 점
중앙정부	• 공공재적 성격(의료, 교육 등)이 강한 재화나 서비스의 공급에 유리 • 사회보험처럼 규모의 경제가 발생하는 부분에서 큰 역할 • 평등과 사회적 적절성 실현(강력한 권한) • 프로그램을 통합·조정하기에 유리 • 안정적 사회복지제도 유지에 유리	• 자원의 비효율적 배분 초래 • 독점적 공급에 따른 재화나 서비스의 질 저하 • 클리이언트의 변하하는 욕구에 적절하게 대응하기 어려움
지방정부	• 지역주민의 욕구에 신속하고 효율적으로 대응 • 지방정부 간 경쟁에 따른 서비스 질의 향상 • 서비스 수혜자가 정책결정과정에의 참여 용이 • 수급자의 변화되는 욕구에 적극적 대처	• 지역 간 불평등으로 인한 사회통합의 저해 • 규모의 경제를 실행하기 어려움 • 프로그램의 안정성과 지속성 보장이 곤란 • 지방정부 단위의 프로그램 발전으로 단편화

위에서 알 수 있듯이 중앙정부 및 지방정부 전달체계는 각각의 장점과 단점을 가지고 있어 서비스 전달의 효율성과 효과성을 높이기 위해서는 상호 협력하는 과정이 필수적이라고 할 수 있다. 이런 측면을 고려할 때 중앙정부와 지방정부는 프로그램을 협력하여 운영해야 하며, 중앙정부는 주로 재정이나 운영상의 규제를 통하여 지방정부 프로그램에 영향력을 행사하게 되므로 그 방법에 따라 지방정부의 권한과 자율성이 달라진다. 중앙정부는 재정, 프로그램, 수급자 수와 욕구, 절차에 따른 규제를 통해 지방정부의 권한과 자율성을 조절하며 구체적인 내용은 표와 같다.

〈표 3-19〉 **중앙정부와 지방정부의 혼합에 따른 전달체계**

구 분	내 용
재정적 규제	• 중앙정부가 지방정부에 재정을 지원하는 방법 • 조건적 지원(범주적 지원) : 재원이 사용될 세부항목을 지정하여 지원하는 방법 – 무제한 matching : 중앙정부가 지원하는 액수의 일정한 비율을 지방정부에 부담시키는 것 – 제한적 matching : 중앙정부의 지원상한액 범위 내에서 지원 – non-matching : 오로지 주어진 항목에만 재원을 사용하도록 단순히 일정한 액수만 지원 • 기능별 보조금(block grants) : 프로그램을 기능별로 묶어서 지원 • 이관 : 재정은 중앙정부에서 지원하고, 프로그램은 지방정부에서 시행
프로그램 규제	• 조건적 지원형태에서 대개 프로그램 규제 동반 • 대상자의 자격, 급여의 형태와 금액, 세부적 전달방법 등에 관해서 규제
수급자 수와 욕구에 따른 규제	• 수급자의 수나 클라이언트의 수에 따라 차등 지원하는 방법
절차적 규제	• 일부 프로그램에 대해서 운영상의 일정한 절차 요구 • 정책결정과정에 수급자를 참여시키는 문제, 급여자격심사 및 급여 시 어떤 차별을 금지할 것, 프로그램의 진행에 대한 보고와 감사 등

(2) 정부와 민간부문의 혼합

정부와 민간부문의 혼합을 통한 전달체계는 보조금 지원방식, 계약방식을 통해 운영되며, 혼합 방식에 대한 구체적인 내용은 표와 같다.

〈표 3-20〉 정부와 민간부문의 혼합 방식에 따른 전달체계

구 분	내 용
보조금 지원방식	• 정부의 민간부문에 대한 재정 보조 형태 • 정부가 직접서비스를 제공하는 대신, 민간부문에 사회복지시설의 설치와 운영을 허용하고 프로그램을 위한 비용을 정부가 보조금 형식으로 제공 • 일정 부분 정부의 규제와 조정 불가피(부정적 영향) – 민간의 충분한 역량 발휘 한계 – 행정규제라는 부가적 업무 수행
계약방식	• 구매계약 방식(미국) – 정부와 민간의 계약에 의해 민간이 전통적인 공공서비스를 직접 제공하고, 그 비용을 정부가 지불하는 방식 • 위탁계약 방식(우리나라) – 정부가 설치한 시설의 관리와 운영을 계약을 통해 비영리기관에 관리·운영을 위임하고, 이에 필요한 재원을 지원하는 방식

(3) 전달체계 혼합

① 전달체계 혼합 모형

전달체계는 국가에서 모든 것을 주도하는 것에서부터 민간에 위임하는 것에 이르기까지 매우 다양한 모형이 존재한다. 구체적으로 살펴보면 표와 같다.

〈표 3-21〉 전달체계 혼합 모형

모 형	내 용
국유화 모형	정부가 사회복지 전달체계의 전부를 차지
정부주도 모형	정부가 포괄적 사회복지체제를 운영하고, 민간은 부수적이고 종속적인 역할

실용적 동반자 모형	정부가 민간부문에 대한 자금을 지원하는 방식으로 사회복지 기능을 수행
민간 강화 모형	민간조직(종교단체, 지역사회 등) 등의 일차적 사회체계의 활용 강조
민영화 모형	영리민간 부문을 활용하여 가장 합리적인 가격으로 시장경제의 경쟁에 의존하는 형태

이러한 전달체계의 혼합은 서비스 전달의 효과성과 효율성을 높이는 차원에서 다양한 모형을 적용할 수 있다. 일반적으로 전달체계 혼합 모형을 결정할 때 고려할 내용으로 서비스의 공공재적 성격과 외부효과의 정도, 서비스에 대한 정보 보유 및 비용이 소요되는 정도, 서비스 제공의 규모와 강제성 정도, 서비스가 여러 부문에서 보완적으로 제공될 필요성, 서비스 제공이 추구하는 중요한 가치, 서비스 제공의 지속성과 안정성, 서비스 제공의 신속성과 융통성 등이 있다.

정리하기

1. 중앙정부와 지방정부의 혼합
   - 중앙정부와 지방정부가 프로그램을 협력하여 운영
   - 구분 : 재정적 규제, 프로그램 규제, 수급자 수와 욕구에 따른 규제, 절차적 규제
2. 정부와 민간부문의 혼합
   - 보조금 지원방식
   - 계약방식 : 구매계약 방식(미국), 위탁계약 방식(우리나라)
3. 전달체계 혼합
   - 모형 : 국유화 모형, 정부주도 모형, 실용적 동반자 모형, 민간 강화 모형, 민영화 모형

4. 사회복지정책의 재원

1) 재원의 개념과 유형

(1) 재원의 개념과 유형

① 재원의 개념

재원은 사회복지정책을 수행하는 데 필요한 비용을 의미한다. 사회복지정책을 계획하고 실행하는 데 있어 기본 전제조건이 되며, 재원이 충분하지 않으면 정책을 집행하고, 그 정책이 추구하는 목표를 달성하는 데도 어려움을 겪는다. 그렇기 때문에 필요한 재원을 '어떻게 얼마만큼 조달해야 하는가? 조달된 재원을 어떻게 배분하는가?'는 매우 중요한 문제이다. 이렇듯 재원의 확보가 강조되는 이유는 재원이 사회복지정책의 실천을 뒷받침하기 때문이다. 재원의 확보를 통해 사회복지정책이 유지되고 있어 저개발국가에서는 사회복지정책이 국가재정의 압력요인과 경제성장의 저해요인으로 간주되기도 한다. 선진국에서도 국민들의 사회복지욕구 증가로 인하여 발생되는 재정적 문제가 주요 정책 과제가 된다.

② 재원의 유형

사회복지정책이 어떤 재원에 의존하느냐에 따라 그 정책의 내용이나 목표가 달라지기 때문에 재원의 분석이 중요하다. 재원의 유형은 공공재원, 민간재원으로 구분해 볼 수 있으며, 소득보장정책에 사용되는 재원은 조세에 의존하는 반면, 개별적 · 사회적 서비스 정책들은 민간부문에 의존하는 경향이 있다. 이러한 이유로 인해 사회복지재원은 형평성과 소득재분배 기능을 수행한다.

(2) 재원조달의 선택기준

① 중립성

한정된 재원으로 사회보장정책을 적절히 수행하기 위해서는 재원조달이 국가의 경제활동을 크게 저해하지 않아야 한다. 높은 비용 부담은 개인 저축률의 저하와 노동력 공급을 억제할 수 있다. 바람직한 재원조달방식은 보험료에 의한 재원 구성 비율을 높이거나 누진율이 높은 직접세에서 부가가치세 또는 소비세 형태의 조세로 변경하여 자원배분의 왜곡 가능성 억제할 수 있어야 한다.

② 공평성

공평한 부담이 이루어지지 않는 한, 지속적으로 증가하고 있는 사회보장지출의 재원조달은 어려움을 겪을 수 있다. 사회보장이라는 특정 정책의 목적을 달성하기 위해서는 재원 부담의 공평성 확보가 중요하다.

③ 안정성

사회보장제도를 장기적으로 유지・발전시키기 위해서는 재원의 안정성이 반드시 요구된다. 일반재원에 의한 재원조달방식은 그 배분을 둘러싸고 다른 공공정책과 경쟁하게 되어 정치적 대립 상황이 초래될 수 있다. 급여의 증가에 따라 그 재원도 확대되는 재원조달 방식이 제도의 장기적인 안정화를 위해 요구된다.

④ 간소성

재원을 조달함에 있어서 징수의 절차가 간편하고 징수비용이 낮은 방법이 요구된다. 원천징수에 의한 재원조달이 최적의 방법이 될 수 있다. 사회보장의 비용이 조세, 보험료, 이용료 등 다양한 형태로 부과될 수 있으나, 이를 부담하는 사람들에게 이해를 얻는 것이 필요한데, 이를 위해서도 간소성의 기준에 맞는 조달방법을 검토해야 한다.

(3) 사회복지 재원의 영향

① 긍정적 영향

사회복지 재원의 긍정적인 영향으로는 노동생산성의 향상, 미래 노후생활의 안정을 위한 강제저축으로 공공부문의 투자 확대, 생산품의 질 향상으로 국가 경쟁력 강화, 가족의 부양부담 경감 및 가족해체 등의 사회문제 예방, 개인의 생존권 보장 등이 있다.

② 부정적 영향

사회복지 재원의 부정적인 영향으로는 조세 확보를 위한 세율의 증가로 근로자의 근로 동기 약화, 낮은 개인 저축률로 민간의 투자 감소, 생산 가격의 상승(인건비, 보험료, 실업의 증가)으로 국가 경제성장에 부정적 영향, 조세저항에 따른 지하경제 확대, 사회복지서비스의 확대로 사회복지급여자의 증가 초래 등이 있다.

정리하기

1. 재원의 개념과 유형
   - 개념 : 사회복지정책을 수행하는 데 필요한 비용
   - 유형 : 공공재원, 민간재원
2. 재원조달의 선택기준
   - 중립성, 공평성, 안정성, 간소성
3. 사회복지 재원의 영향
   - 긍정적 영향/ 부정적 영향

2) 공공재원

복지국가들의 사회복지정책 재원은 거의 대부분 공공재원이다. 공공재원으로는 조세(조세비용), 사회보험료가 있으며, 구체적인 내용은 다음과 같다.

〈표 3-22〉 **공공재원의 종류**

구 분	내 용
조 세	• 국가에 의해 강제적으로 부과되는 것 • 국가가 사용할 수 있는 가장 중요한 재원
사회보험료	• 모든 국민의 사회적 위험에 대비하는 보편적 사회보장제도를 운영하기 위한 재원 • 보험의 원리 적용 – 보험가입자인 국민이 납부하는 보험료

(1) 조세

조세는 국가에서 정부의 비용으로 사용하기 위해 국민들로부터 강제적으로 징수하는 화폐이다. 공공부조정책 등 많은 사회복지정책들은 조세에 의존하고 있으며, 조세방식을 통한 사회복지재정의 충당은 모든 국민의 생존권을 국가가 책임지고 수행한다는 것을 의미한다. 조세의 종류로는 일반세, 목적세, 조세비용 등이 있다.

① 일반세

일반세는 조세의 지출 용도를 정하지 않고 징수하는 세금이다. 일반세에는 소득에 부과하는 소득세, 소비에 부과하는 소비세, 재산에 부과하는 재산세가 있으며, 구체적인 내용은 표와 같다.

〈표 3-23〉 **일반세의 종류**

구 분	내 용
직접세	• 경제활동을 통해 얻은 소득에 부과 • 소득세, 법인세, 재산세, 증여세 • 소득재분배 기능, 안정성, 형평성
간접세	• 상품을 소비하는 과정에서 부과 • 소비세, 부가가치세 • 조세저항 없이 재원조달 용이

② 목적세

목적세는 지출 용도를 정해놓고 징수하는 세금이다. 목적세는 안정성이 높아 중앙정부나 지방정부가 선호하지만 일반세에 비해 안정적이나 보험료보다는 안정성이 약한 특성이 있다. 또한 어디에 부과하는 것이 합당한가? 하는 의문이 항상 제기되며, 혜택을 받지 못하는 사람들로부터 조세 저항 가능성이 있다. 우리나라의 교육세, 미국의 사회보장세가 대표적인 목적세이다.

③ 조세비용(조세감면)

조세비용은 특정 집단에게 조세를 감면·공제·면제해 주는 제도로 정부의 입장에서는 세입이 감소하고 수혜자의 입장에서는 정부로부터 지원을 받는 것으로 이해할 수 있다. 조세비용은 소득역진적 성격을 가지고 있어 그 혜택이 주로 (중상위)소득계층에게 가고, 저소득층은 조세비용의 수혜를 받기 어려운 특성이 있다.

(2) 사회보험료

① 사회보험료의 개념

사회적 위험에 처한 국민을 보호하기 위해 국가가 강제적으로 운영하는 사회보장성 조세이나. 재원은 주로 보험료로 충당하며 경우에 따라 목적세와 본인부담금으로 보충하기도 한다. 보험료가 '사용자 부담'임에도 불구하고, 국가에 의해 강제적으로 부과되고 관리·운영되기 때문에 공공재원으로 분류하고 있다. 보험료는 소득비례보험료, 정액보험료로 구분할 수 있으며 구체적인 내용은 표와 같다.

〈표 3-24〉 사회보험료의 종류

구 분	내 용
소득비례보험료	소득의 일정률을 갹출하는 방식
정액보험료	모든 사람이 동일한 보험료 부담
목적세	담배나 술에 사회보험세를 물려, 그 수입을 사회보험 재정으로 확보(프랑스)
본인부담금	• 주로 건강보험에 적용 • 진료비의 일정 부분을 환자가 부담

② 사회보험료의 기본원칙

사회보험 재원은 삼자부담제도가 기본 원칙이다. 삼자부담제도는 사회보험의 수익자인 가입자(근로자)와 고용주, 정부가 사회보험의 재정을 공동으로 부담하는 원칙을 말한다. 1911년 영국의 국민보험법에 최초로 적용하여 건강보험의 보험료를 노동자, 사용자, 정부가 각각 부담하게 되었다. 현재 양자부담제로 변해가는 추세(정부지원의 감소)이다.

(3) 조세방식과 보험방식

① 조세방식의 장점

조세방식은 누진적 성격으로 소득재분배 기능, 평등사회 구현에 보다 효과적(소득불평등 개선)이다. 또한 소득역진성 방지, 인적 공제 등 부담능력을 반영하여 저소득자에게 유리하며, 재정운영에 있어서 서비스 간에 상호조정이 가능해 욕구변화에 보다 잘 대응하는 장점이 있다.

② 보험방식의 장점

보험방식은 무책임한 급여의 인상을 억제(급여인상 욕구 억제), 자산조사 불필요(낙인 없음), 재정과 행정 등의 운영을 보다 민주적으로 수행(책임성), 사고발생 예방(산업재해 감소 효과), 보험료의 징수절차가 간단하고 용이(행정비용 절감), 납부의욕이 조세보다 상대적으로 높음, 적립된 보험료는 공공투자자금으로 이용 가능 등의 장점이 있다.

정리하기

1. 조세방식
   - 정부비용으로 사용하기 위해 국가가 국민들로부터 강제적으로 징수하는 화폐
   - 직접세(소득세, 재산세), 간접세(소비세), 목적세(교육세), 조세비용(조세감면)
2. 보험방식
   - 사회적 위험에 처한 국민을 보호하기 위해 국가가 강제적으로 운영하는 사회보장성 조세
   - 소득비례보험료, 정액보험료, 목적세, 본인부담금
3. 조세방식과 보험방식
   - 조세방식 : 소득재분배 기능, 소득불평등 개선, 소득역진성 방지, 경제능력을 반영한 조세징수(저소득자에게 유리), 욕구변화에 보다 잘 대응
   - 보험방식 : 급여인상욕구 억제, 자산조사 불필요, 책임성, 산업재해 감소 효과, 행정비용 절감, 납부의욕 고취, 공공투자 가능

3) 민간재원

(1) 민간재원의 필요성

민간재원은 경기침체, 사회복지 욕구의 증가로 사회복지정책 개발 및 발달이 이루어짐으로써 정부의 재정부담을 줄이고 사회구성원의 공동체 의식 함양과 사회통합 달성을 위해 필요하다고 할 수 있다. 민간재원의 종류로는 정부보조금, 기부금 및 후원금, 모금, 기업복지, 이용료, 비공식적 지원(가족, 친척, 이웃 등) 등이 있다.

(2) 민간재원의 종류

① 정부보조금

일반적으로 보조금은 정부의 사회복지조직에 대한 예산지원을 의미한다. 정부보조금은 정부가 해야 할 사회복지사업을 민간사회복지기관에 위임하면

서 지불하는 자금이며, 이는 정부 및 민간 부문에 다양한 차원에서 영향을 준다. 구체적인 내용은 표와 같다.

〈표 3-25〉 **정부보조금의 장점과 단점**

구 분	내 용
정 부	• 장점 : 민간 조직의 전문성과 융통성 활용 • 단점 : 자율성과 독립성을 중시하는 기관의 보조금 신청 기피
민 간	• 장점 : 안정적인 재원의 확보 • 단점 : 정부의 감사 등 상당한 제약과 통제

② 기부금 및 후원금

기부금은 개인이나 단체가 사회복지기관이나 기관의 프로그램에 조건 없이 주는 증여를 말한다. 대부분의 기부금은 사회복지조직의 유동적인 재원으로 이러한 기부금을 마련하기 위해 다양한 전략 추구, 이사진의 적극적인 참여, 조직 차원의 상당한 노력이 필요하다.

후원금은 후원자로부터 아무런 대가 없이 무상으로 받은 금품이나 기타의 자산을 말한다. 사회복지기관 및 시설에서는 사회복지법인 및 사회복지시설 재무・회계 규칙(제41조)에 의거하여 기관장은 후원금의 명확성 확보, 후원자에게 영수증을 즉시 발급, 후원금의 사용 내역 통보, 후원금에 대한 수입 및 사용결과보고서를 관할 시・군・구청장에게 제출, 후원자가 지정한 사용용도 외의 사용금지 등의 원칙을 준수해야 한다.

③ 모금

모금은 사회복지기관의 재정 충당 방법 중 하나로 조직의 목표를 달성하는 데 필요한 자금을 획득하는 것과 지역주민을 모금활동에 참여시킴으로써 조직목표에 대한 관심을 증진시키는 것을 목적으로 한다. 또한 기관의 재원 확보하고 기관을 홍보하는 수단으로 활용한다.

④ 기업복지

기업복지는 고용주가 피고용자들에게 제공하는 임금 외 급여 또는 부가 급여를 말한다. 기업연금(퇴직금), 유급휴가(출산휴가), 자녀 교육비(장학금), 주택구입 지원, 사내 후생시설, 출퇴근 버스 운영, 무이자 대출, 동아리 지원 등 다양한 형태로 지원될 수 있다. 퇴직금의 경우, 기업복지 프로그램의 한 형태였으나, 우리나라만 예외적으로 법정급여의 형태로 운영되고 있다. 기업이 복지 프로그램을 운영하는 주된 이유로는 우수한 인력의 확보와 유지, 노사관계의 안정, 기업에 대한 근로자의 충성심 강화, 생산성의 향상 등이 있다. 대부분의 나라에서 기업복지로 지출되는 비용에 대하여 세제상의 혜택을 부여하며 이를 권장하고 있으며 이는 국가의 사회보장 수요를 감소시키는 역할을 하기 때문이다.

⑤ 이용료

이용료는 클라이언트와 제3자가 사회복지기관의 서비스를 이용한 대가로 지불하는 돈을 말한다. 서비스 이용에 대한 이용료로 기관의 재정을 충당하는 것은 수익자부담의 원칙에 부합한다. 한편 이용료의 지불은 프로그램의 주체성·자율성을 확보하는 장점과 유동적이고 불안정한 단점을 동시에 가지고 있다.

⑥ 비공식적 지원

비공식적 지원은 국가의 개입이 미치지 못하는 영역에 가족, 친척, 이웃 등이 비공식적으로 지원하는 것을 말한다. 역사적으로 어느 나라에서든 가족, 친척, 이웃 등의 비공식적 지원이 중요한 역할을 수행해 왔으나 복지제도의 발전에는 장애 요소로 작용하기도 했다. 우리나라의 경우, 가족 중심의 부양의식으로 노인, 장애인 등에 대한 가족의 부양책임과 부담이 강한 것이 특징이다.

(3) 민간재원의 특징

① 민간재원의 장점

민간재원은 사용처에 대한 구체적 정보를 알려줌으로써 재원조달을 유인할 수 있고, 특정한 목적을 수행할 구체적 사업에 찬성하는 사람들로부터 재원조달을 할 수 있으며, 지역주민의 새로운 욕구 해결에 있어 공공기관에 비하여 보다 쉽게 재원조달을 할 수 있다는 장점이 있다.

② 민간재원의 한계

민간자원은 다양한 장점에도 불구하고 경제·사회적 환경의 변화에 따라 변동이 심해 안정적이지 못해 장기적이고 일관성 있는 계획을 수립하는 데 장애가 되고, 개인이나 집단의 자발적 기부에 의존하기 때문에 재원 사용 시 책임성 문제가 발생(엄격한 기준과 관리감독)할 수 있으며, 급여의 남용 또는 오용 문제가 발생할 수 있는 한계를 내포하고 있다.

정리하기

1. 민간재원의 필요성
   - 정부의 재정부담 완화, 사회구성원의 공동체의식 함양, 사회통합 달성
2. 민간재원의 종류
   - 정부보조금, 기부금 및 후원금, 모금, 기업복지, 이용료, 비공식적 지원(가족, 친척, 이웃)
3. 민간재원의 특징
   - 장점 : 재원조달의 용이성
   - 한계 : 안정적이지 못함, 책임성의 문제, 무임승차나 서비스의 남용

CHAPTER 4

사회복지정책의 실천과 과제

1. 사회복지정책의 실천
2. 사회복지정책의 실천과 과제

CHAPTER 4

사회복지정책의 실천과 과제

1. 사회복지정책의 실천

1) 소득보장정책

(1) 소득보장

인간으로서 최소한의 생활을 유지하기 위해서는 일정한 소득이 필요하다. 인간은 노령, 폐질, 질병, 산업재해, 장애, 실업, 부양자의 사망 등과 같은 소득의 중단과 아동양육, 출산과 같은 예외적 지출로 인하여 빈곤상태에 빠질 수 있다. 이에 따라 빈곤의 해결과 예방에 대한 국가의 소득보장정책이 필요하다. 소득보장제도는 일상생활을 위협하는 다양한 어려움 중에서 소득 활동의 중단에 의한 경제적 불안정성에 대처하기 위한 사회적 수단이다. 예상되는 불안정성에 대비하여 각종의 소득보장제도를 준비함으로써 미래에 발생할 수 있는 사회적 위험에 계획적으로 대처할 수 있다. 따라서 이 제도의 존재 자체가 삶의 질을 향상시킨다고 할 수 있다.

(2) 유형별 소득보장제도

인간이 살아가면서 발생할 수 있는 빈곤, 노령, 장애, 사망, 질병·사고, 실업 등 다양한 어려움에 대처하기 위한 관련 제도 및 대상을 살펴보면 다음과 같다.

〈표 4-1〉 **유형별 소득보장 제도**

유 형	관련 제도 및 급여	급여대상
빈 곤	국민기초생활보장제도	전 국민
노 령	국민연금제도(노령연금)	전 국민
	공무원, 사립학교교직원, 군인 연금의 퇴직연금	공무원, 사립학교 교직원, 군인
장애 (장해)	국민연금의(장해연금)	전 국민
	공무원, 사립학교교직원, 군인연금의 장해연금	공무원, 사립학교 교직원, 군인
	산재보험의 장해보상연금	근로자
사 망	국민연금(유족연금)	전 국민
	공무원, 사립학교교직원, 군인연금의 유족연금(보상금)	공무원, 사립학교 교직원, 군인
	산재보험의 유족보상연금	근로자
질병・사고	산재보험의 휴업급여	근로자
실 업	고용보험의 구직급여	근로자
노령+빈곤	기초연금	기초생활보장수급 노인, 차상위 저소득층 노인
장해+빈곤	장애인 생계보조수당	기초생활보장 대상, 중증・중복 장애인

(3) 소득보장 프로그램

① 비갹출/ 소득・자산 비조사

비갹출과 소득・자산 비조사 형태는 한 나라 국민이면 누구에게나 인구학적 조건(노인, 아동, 장애인)을 갖추면 보험료 납부 여부와 상관없이 소득과 갹출, 자산조사를 하지 않고 급여를 지급하는 프로그램이다. 최저생활보장의 권리로서 사회권의 이념을 반영한다. 가족수당, 보편적 연금이 대표적이다.

② 비갹출/ 소득・자산 조사

비갹출과 소득・자산 조사 형태는 흔히 공공부조라 불리는데 엄격한 자산조사가 행해진다. 소득보장정책으로서 가장 오래되었을 뿐만 아니라 20세기 이후 보편적 프로그램이나 사회보험이 성숙되기 이전에 대부분의 나라에서 가장 중요한 소득보장의 역할을 한다. 사회복지자원에 한계가 있는 경우 꼭 필요한 사람에게 적절한 수준을 급여하는 방법으로 선택할 수 있다. 공공부조(국민기초생활보장제도)가 대표적이다.

③ 갹출/ 소득・자산 비조사

갹출과 소득・자산 비조사 형태는 국가와 피보험자와의 계약상의 권리를 반영한다. 피보험자가 낸 보험료에 근거하여 급여하기 때문에 자산조사는 필요가 없다. 사회보험이 대표적이다.

정리하기

1. 소득보장
   - 소득활동의 중단에 의한 경제적 불안정성에 대처하기 위한 사회적 수단
2. 유형별 소득보장제도
   - 빈곤(국민기초생활보장제도), 노령(국민연금, 공무원, 사립학교교직원, 군인), 장애・장해(국민연금, 공무원, 사립학교교직원, 군인, 산재보험), 사망(국민연금, 공무원, 사립학교교직원, 군인, 산재보험), 질병・사고(산재보험), 실업(고용보험) 등
3. 사회복지 재원의 영향
   - 비갹출/ 소득・자산 비조사 : 가족수당, 연금
   - 비갹출/ 소득・자산 조사 : 공공부조
   - 갹출/ 소득・자산 조사 : 사회보험

2) 의료보장정책

(1) 의료보장

① 의료보장의 개념

소득보장과 더불어 사회 전체가 모든 국민에게 마련해 주는 포괄적 사회보장체계 중의 하나이다. 모든 국민에게 의료혜택을 받을 수 있는 기회를 보장하는 것으로 질병의 치료를 위해 환자인 본인이나 그 가족이 부담하여야 하는 경제적 비용의 문제 해결을 포함하는 제 방안의 보장이라 할 수 있다. 그 나라의 역사성과 사회적 형편 등에 의해 상호 복합적 관계하에서 형성되고 발전된다.

② 의료보장의 체계

의료보장의 체계는 의료보험, 의료급여, 공공보건서비스가 있다.

〈표 4-2〉 의료보장의 체계

체 계	내 용
의료보험 (건강보험)	보험가입자, 즉 피보험자에게 질병, 부상 등의 사고가 발생할 경우, 요양 또는 요양비에 준하는 급여를 제공하는 제도
의료급여	저소득층에 대하여 국가가 무료로 진료를 제공하는 제도
공공보건서비스	취약계층이나 지역주민에게 국가예산으로 치료와 예방, 건강증진을 위한 서비스를 제공하는 제도

③ 의료보장의 방식

의료보장의 방식은 나라마다 차이가 있으며, NHI(국민건강보험), NHS(국민보건서비스), 공공부조, 소비자 주권, 의료저축계정 등의 방식이 있다.

〈표 4-3〉 **의료보장의 방식**

제공방식	내 용
NHI(국민건강보험)	사회보험방식에 의한 의료보장정책(대부분의 국가)
NHS(국민보건서비스)	국민세금으로 재원을 확보하여 국유의료기관을 통하여 국가가 책임·감독하는 전 국민 균등 의료시스템(영국)
공공부조	무상의료, 의료급여(우리나라)
소비자 주권	민영의료보험방식(미국)
의료저축계정	미리 저축을 해두는 계좌(싱가포르)

(2) 국민건강보험

① 건강보험의 개념

건강보험은 질병, 부상, 분만, 사망 등의 사고에 대한 의료의 제공을 조직하고 질병의 비용과 건강보호를 집단적으로 부담하는 일을 사회에 위탁함으로써 모든 사람에게 의료 혜택을 주어 건강하고 문화적인 생활을 영위하도록 하는 것을 말한다. 사회보험의 원리에 입각하여 모든 사람이 강제적으로 가입하게 하여 피보험자에게 질병, 부상 등의 사고가 발생한 경우에 요양 또는 그 비용을 제공하는 방법으로 보편적, 소득재분배기능, 강제성, 통합적, 포괄적 제도이다.

② 건강보험의 적용 대상과 범위

건강보험은 원칙적으로 모든 국민(단, 의료급여 대상자 제외)이 대상이며, 그 범위는 직장가입자와 지역가입자로 구분한다.

〈표 4-4〉 건강보험의 적용 대상과 범위

종 류	급여의 내용
직장가입자	모든 사업장에 고용된 근로자와 그 사용자, 공무원 및 교직원 피부양자 : 직장가입자에 의해 주로 생계를 유지하는 자로서 보수 또는 소득이 없는 자(배우자, 직계존속, 직계비속 및 그 배우자, 형제자매)
지역가입자	가입자 중 직장가입자와 그 피부양자를 제외한 자

의료급여법에 따른 의료급여를 받는 자, 「국가유공자 등 예우 및 지원에 관한 법률」에 따라 의료보호를 받는 대상자, 그리고 다음에 해당하는 자는 제외된다.

① 하사(단기복무자에 한함) 및 무관 후보생
② 선거에 의하여 취임하는 공무원으로서 대통령령이 정하는 자
③ 임시직 등의 공무원 또는 교직원으로서 대통령령이 정하는 자

③ 건강보험의 종류

건강보험의 종류로는 요양급여, 건강검진의 현물급여와 임신·출산 진료비의 전자바우처, 요양비, 장애인 보장구, 본인부담액 상한제의 현금급여 방식이 있다.

〈표 4-5〉 건강보험의 종류

구분	종 류	급여의 내용
현물급여	요양급여	가입자 및 피부양자의 질병, 부상, 출산 등에 대하여 진찰·검사, 약제·치료 재료의 지급, 처치·수술 및 기타의 치료, 예방·재활, 입원, 간호, 이송에 대한 의료서비스
	건강검진	가입자 및 피부양자에 대하여 질병의 조기발견과 그에 따른 요양급여를 하기 위한 건강검진
전자바우처	임신·출산 진료비	임신기간 동안 지원 신청한 경우 전자바우처 형태로 진료비 일부를 지원
현금급여	요양비	긴급, 부득이한 사유로 질병, 부상, 출산 등에 대하여 요양을 받거나 요양기관 외의 장소에서 출산을 한 때
	장애인 보장구	장애인복지법에 의해 등록한 장애인 가입자 및 피부양자에게 기준액 이내의 보장구를 구입한 경우
	본인 부담액 상한제	연간 환자가 부담한 본인부담액이 상한액 기준을 초과할 경우 초과분을 가입자에게 환급하는 제도

④ 건강보험의 재정

건강보험의 재정은 소득에 연계된 기여금(사용자와 피용자가 공동부담), 정책보험료(사보험적 방법), 이용자 부담(혜택을 받은 자가 그 몫을 부담하는 방식) 방식이 있으며, 우리나라는 소득에 연계된 기여금 방식을 채택하고 있다.

※ 포괄수가제

환자가 병원에 입원해서 퇴원할 때까지 진료받은 진찰, 검사, 수술, 주사, 투약 등 진료의 종류나 양에 관계없이 미리 정해진 일정액의 진료비를 부담하는 제도(예 백내장 수술)

(3) 노인장기요양보험

① 노인장기요양제도의 개념

노인장기요양제도는 65세 이상의 노인 또는 65세 미만인 자로서 치매·뇌혈관성 질환 등 대통령령이 정하는 노인성 질병을 가진 자에게 장기간(6개월 이상)에 걸쳐서 일상생활수행능력을 도와주기 위해 제공되는 모든 형태의 보호서비스이다. 유병 노인에 대한 간병, 수발 등 일상생활지원서비스, 간호 및 기능 훈련·재활서비스, 필요한 의료적 서비스, 주택개조 및 복지용구 지원서비스 등을 제공하며, 재정은 장기요양보험료, 국가(지방자치단체), 본인부담금으로 구성되어 있다.

② 노인장기요양제도의 필요성

노인장기요양제도는 고령화 사회로 인한 노인인구의 증가, 전통적인 가족문화의 변화, 노인요양보호 증가에 따른 비용의 증가, 노인의료비의 증가에 따른 대비, 후기 노년층의 증가, 노인장기요양보호서비스 전달체계의 질적 수준 확립 등 필요성이 증가하고 있다.

③ 노인장기요양기관의 서비스 내용

노인장기요양기관은 재가급여, 시설급여, 특별현금급여의 서비스를 제공한다.

〈표 4-6〉 노인장기요양기관의 서비스 내용

종 류	급여의 내용
재가급여	방문요양, 방문목욕, 방문간호, 주·야간보호, 단기보호, 기타 재가급여 등
시설급여	노인의료복지시설 등에 장기간 동안 입소하여 신체활동 지원 및 심신 기능의 유지·향상을 위한 교육·훈련 등을 제공하는 급여
특별현금급여	가족요양비, 특례요양비, 요양병원간병비 등

정리하기

1. 의료보장
   - 모든 국민에게 의료혜택을 받을 수 있는 기회를 보장하는 것
2. 국민건강보험
   - 대상과 범위
     - 대상 : 모든 국민(단, 의료급여대상자 제외)
     - 범위 : 직장가입자, 지역가입자
   - 재정 : 보험료, 국고보조금, 본인부담금
   - 종류 : 현물급여(요양급여, 건강검진), 현금급여(요양비, 장애인 보장구, 본인부담액 상한제, 전자바우처(임신·출산 진료비)
3. 노인장기요양보험
   - 대상 : 65세 이상의 노인 또는 65세 미만의 치매·뇌혈관성 질환 등 대통령령이 정하는 노인성 질병을 가진 자
   - 재정 : 노인장기요양보험료, 국가 및 지방자치단체, 본인부담금
   - 종류 : 재가급여(방문요양, 방문목욕, 방문간호, 주·야간보호, 단기보호, 기타재가급여), 시설급여, 특별현금급여

3) 근로보장정책

(1) 근로보장

① 근로보장의 개념

우리나라의 대표적인 근로보장제도에는 산업재해보상보험과 고용보험이 있다. 산업재해보상보험은 자본주의적 생산관계의 성립과 함께 발생하기 시작한 산업재해에 대하여 손해배상과 마찬가지로 과실이 있는 사람에게 책임을 부과하는 것이며, 고용보험은 근로자가 실업한 경우, 생활에 필요한 급여를 실시하여 생활 안정과 구직활동을 촉진하여 경제·사회에 이바지하는 것이다.

(2) 산업재해보상보험

① 산업재해보상보험의 개념

산업재해보상보험의 약칭으로 산업재해, 즉 근로와 관련하여 사고를 당한 경우를 대비한 사회보험제도 중 하나이다. 산업재해에 대비한 보험이라기보다는 '보상'에 대비한 보험이다. 산재보험의 목적은 산재 보상에 따른 사용자의 재정적 위험을 완화시키고자 하는 데 있다. 산재보험은 재해를 당한 근로자 보호 제도이지만, 직접적인 혜택은 사용자가 받는다. 산재보험은 보상책임에 따른 사용자의 위험을 분산하기 위해 사용자들이 일종의 자조적인 임의보험으로 시작하여 책임보험방식의 사회보험으로 발전하였다. 산재보험이 보장하려고 하는 일차적 위험은 사용자의 산재보상책임 이행에 따르는 위험으로 근로자는 그것을 통해 이차적인 혜택을 받게 되는 것이다. 역사적으로 대부분의 나라에서 산재보험이 사회보험 중 가장 먼저 도입되었다.

② 산업재해보상보험의 특성

보험료를 고용주만 부담(납부)하는 것으로 고용주가 피보험자이며, 주된 적용대상자는 임금근로자이다. 수혜자(노동자)와 보험료 납부자(고용주)가 상이(가입자-수혜자의 불일치)한 특징이 있다. 철저하게 민간 보험의 기본원칙인 수지상등의 원칙을 적용하며, 보험료는 위험발생률, 산재발생률에 비례하여 책정된다.

③ 산업재해보상보험의 적용 대상

산업재해보상보험의 적용사업장은 '당연적용사업장'과 '임의적용사업장'으로 구분된다. 당연적용사업장은 2001년 1월부터 상시 근로자 1인 이상의 모든 사업 또는 사업장(단, 농업, 임업, 어업, 수렵업은 상시 5인 이상 사업장) 근로자는 상용, 일용, 임시직 등 고용 형태나 명칭에 상관없이 모두 가입 대상자이다. 단, 공무원연금법, 군인연금법, 가사서비스업 등은 제외된다.

④ 산업재해보상보험의 급여

산재보험의 적용범위는 직장 내 사고로 한정하다가 점차 출퇴근길 사고나 외근, 출장까지 적용되며, 업무시간 중 발생하는 사고로 한정해 놓았으나 점차 업무 개시 전후로 확대되고 있다.

〈표 4-7〉 산업재해보상보험의 급여

시간(근무시간) / 공간(작업장)	내	외
내	논란의 여지가 없음	준비시간, 청소시간
외	외근, 출장	회식, 야유회

⑤ 산업재해보상보험의 급여 종류

산업재해보상보험의 급여 종류로는 요양급여, 휴업급여, 장해급여, 유족급여, 상병보상연금, 간병급여, 장의비, 직업재활급여 등이 있으며, 그 내용은 다음과 같다.

〈표 4-8〉 **산업재해보상보험의 급여 종류**

종 류	급여의 내용
요양급여	업무상 부상 또는 질병에 걸려 4일 이상 요양을 요할 때, 의료기관에서 상병의 치료에 소요되는 비용을 치유될 때까지 지급하는 급여
휴업급여	부상 또는 질병으로 인하여 취업하지 못하는 기간에 대해 근로자와 그 가족의 생활보호를 위하여 임금 대신 지급하는 급여
장해급여	업무재해의 완치 후에 당해 재해와 상당한 인과관계가 있는 장해가 남게 되는 경우, 그 장해의 정도에 따라 지급하는 급여
유족급여	산재환자가 사망한 경우, 그 유족의 생활을 돕기 위해 지급되는 급여(유족보상연금, 유족보상일시금)
상병보상연금	요양급여를 받는 근로자가 부상 또는 질병의 정도가 폐질등급 1~3급에 해당하고 요양 개시 후 2년이 경과되어도 치유가 되지 않는 경우, 휴업급여를 대신하여 보상수준을 향상시켜 연금으로 지급하는 것
간병급여	간병급여는 요양이 종결된 자가 의학적으로 상시 또는 수시로 간병이 필요하여 실제로 간병을 받는 자에게 지급
장의비	근로자가 업무상 사유로 사망한 경우 그 장제에 소용되는 비용에 대하여 지급하는 것(평균 임금의 120일 분)
직업재활급여	산업재해를 당한 근로자의 재취업 촉진을 위한 직업훈련수당 직장복귀촉진을 위한 지원금, 훈련비, 재활운동비 등

(3) 고용보험

① 고용보험제도의 개념

고용보험은 실업보험에서 출발하였다. 실업보험은 실업자의 생계보장, 즉 가장의 실업으로 인해 발생한 가족의 생계곤란에 대비하기 위해 만든 사회보험이다. 실업보험은 고용이 아니라 실업에 초점을 둔 제도로, 우리나라는 1960년 이후 고도 성장기에는 실업률이 낮아 자본이나 노동, 정부 모두 실업대책으로 실업보험에 관심을 갖지 않다가 1980년 인력수급 불균형 문제, 산업구조조정에 따른 고용조정지원 문제, 직업훈련 강화 문제 등에 대한 제도적 수단으로서의 고용보험에 대한 관심이 고조되었다.

1995년 실업보험 도입 후, 구조조정으로 인해 일자리를 잃은 실업자의 재취업에 초점을 둔 고용보험체제를 선택하였으며, 우리나라의 고용보험제도는 노동자의 직업능력을 개발하고 적극적인 취업알선을 통해 고용구조를 조정하는 노동시장정책 수단들을 포함한다.

② 고용보험제도의 유형

고용보험제도의 유형으로는 강제적 고용보험, 임의적 고용보험, 실업부조(공공부조), 이원적 고용보험이 있으며, 그 내용은 다음과 같다.

〈표 4-9〉 고용보험제도의 유형

유 형	내 용
강제적 고용보험	사업장 근로자에 대해 포괄적으로 적용하는 사회보험(의무가입 원칙/ 미국, 독일, 일본, 한국)
임의적 고용보험	노동조합이 정부의 인가를 받아 설립한 실업기금으로 운영하는 형태(북유럽 국가)
실업부조(공공부조)	사회보험이 아니며, 소득조사를 거쳐 선정된 저소득 실업자를 대상으로 정부재정으로 실업수당을 제공하는 사회부조 제도(호주, 뉴질랜드)
이원적 고용보험	고용보험과 실업부조를 병행하여 실시(영국, 프랑스)

③ 고용보험제도의 적용 대상

고용보험제도의 적용대상은 근로자를 사용하는 사업장이며, 적용 단위는 사업 또는 사업장이다. 모든 사업 근로자가 적용대상자가 되나, 사업의 규모 및 산업별 특성 등을 고려하여 예외로 인정한다. 적용제외사업으로는 농업, 임업, 어업 및 수렵업 중 법인이 아닌 자가 상시 4인 이하의 근로자를 사용하는 사업, 매년 고용노동부 장관이 고시하는 금액 미만인 건설공사, 가사서비스업이다.

④ 고용보험제도의 종류

고용보험제도의 종류로는 실업급여, 고용안정급여, 직업능력개발 등이 있으며, 그에 대한 내용은 다음과 같다.

〈표 4-10〉 고용보험제도의 종류

종 류	급여의 내용
실업급여	- 구직급여 - 취업촉진수당(조기재취업수당, 직업능력개발수당, 광역구직활동비, 이주비) - 모성보호급여(출산전후휴가급여, 육아휴직급여)
고용안정급여	- 고용창출, 유지지원 고령자 등 고용촉진, 안정지원
직업능력개발	- 사업주, 근로자 능력개발 지원

정리하기

1. 근로보장
   - 산업재해보상보험과 고용보험
2. 산업재해보상보험
   - 대상 : 사업 또는 사업장(수혜 대상은 임금근로자)
   - 종류 : 요양급여, 휴업급여, 장해급여, 유족급여, 상병보상연금, 간병급여, 장의비, 직업재활급여

3. 고용보험
- 대상 : 근로자를 사용하는 사업장
- 종류 : 실업급여[구직급여, 취업촉진수당, 모성보호급여(출산전후휴가급여, 육아휴직급여)], 고용안정급여, 직업능력개발

2. 사회복지정책의 실천과 과제

1) 빈곤과 공공부조제도

(1) 빈곤의 개념과 이론

① 빈곤의 개념

빈곤은 최저한의 인간다운 생활을 영위하는 것을 어렵게 하는 요인이기 때문에 사회복지정책에서 특별히 관심을 가지는 개념이다. 빈곤은 절대적 빈곤, 상대적 빈곤, 주관적 빈곤이 있으며, 경제적 관점에서는 재화와 서비스의 부족, 사회문화적 관점에서는 사회·문화·정치제도상에 있어서 기회, 수단, 자원 등의 상대적 박탈, 정보화 시대에는 정보의 결핍도 빈곤에 해당된다.

② 빈곤의 종류

빈곤의 종류로는 절대적 빈곤, 상대적 빈곤, 주관적 빈곤이 있으며, 그 내용은 다음과 같다.

〈표 4-11〉 빈곤의 종류

종 류	급여의 내용
절대적 빈곤	• 최저생활을 유지할 수 없는 수준 • 기본적 생존욕구를 충족하는 데 필요한 절대적 자원이 부족한 상태나 조건(궁핍으로서의 빈곤)

상대적 빈곤	• 특정 사회의 전반적 생활수준을 고려한 상대적 박탈과 불평등의 개념(불평등으로서의 빈곤)
주관적 빈곤	• 사회의 일반적 생활수준과는 관련 없이 본인 스스로 빈곤하다고 느끼는 상태 • 각자의 빈곤으로 인식하는 수준에서 결정

③ 빈곤의 원인이론

빈곤의 원인이론으로는 인적자본이론, 선발이론(학력주의), 직무경쟁이론, 노동시장분절이론 등이 있으며, 그에 대한 내용은 다음과 같다.

〈표 4-12〉 빈곤의 원인이론

이 론	내 용
인적자본이론	빈곤은 낮은 생산성의 결과이고, 인적자본에의 낮은 투자에서 기인
선발이론(학력주의)	교육수준이 잠재적으로 생산성이 높은 근로자를 가려내는 데 있어서 측정하기 어려운 속성을 대변하는 지표
직무경쟁이론	근로자의 서열이나 임금수준이 다른 근로자들의 행동에 따라 변화하는 것
노동시장분절이론	2차 노동시장에서의 직업 관행에 익숙해지면, 1차 노동시장으로 진입이 불가능함

(2) 빈곤의 측정방법

① 오샨스키 척도

Orshansky는 1960년대 초 미국 사회보장청 경제학자로 엥겔계수로 생계비를 추정하는 반물량방식을 개발하였다. 최소한의 식료품비를 구성하여 산출한 빈곤자의 최저식품비의 세 배로 빈곤선을 결정하였다. 오샨스키 척도는 명확하고, 계산하기 쉽고, 수정하기도 쉬운 장점이 있으나, 빈곤의 측정방법이 너무 단순하여 빈민 생활상의 다양한 압박을 제대로 반영하지 못한다는 단점이 있다.

② 예산기준방법

예산기준방법은 빈곤자의 소비지출품을 구성한 다음, 이를 합산하여 빈곤선을 정하는 방법이다. 전체 생필품의 구매력을 활용한 전물량방식이다. 다양한 소비지출 유형을 위한 가계기준을 정하고 식료품, 의료, 교통, 주택, 난방 등 표준적 소비를 위해 얼마가 지출되어야 하는지를 엄밀하게 조사해야 한다.

③ 여론 · 합의방법

여론에 따라 빈곤선을 정하는 것으로, 빈곤선을 정의하고 측정하는 것을 전문가 집단에게 위임하는 것이 아니라 일반인의 여론에 따라 빈곤선을 정하는 것을 말한다. 자의적이고 독단적인 전문가 집단의 판단을 배제하고 일반 사람들이 빈곤의 기준을 결정하게 만드는 것이다.

④ 가계지출방법

상대적 빈곤의 개념에 입각하여 빈곤선을 정하는 방법으로, 전체 인구의 가계지출 평균치에 의거하여 빈곤선을 정하기 때문에 가계지출에 관한 세밀하고 신뢰할 만한 자료가 있어야 하고, 자료가 정기적으로 업데이트 되어야만 가능하다. 영국은 1988년부터 가계지출방법을 채택하여 매년 가계지출조사를 실시하고, 평균가계소득의 40% 이하를 빈곤선으로 정하고 있다.

(3) 공공부조제도

① 공공부조의 개념과 의의

국가 및 지방자치단체의 책임하에 생활유지능력이 없거나 생활이 어려운 국민의 최저생활을 보장하고 자립을 지원하는 제도이다. 자산조사를 실시하여 결과에 따라 국가나 지방자치단체와 같은 공공기관에 의해 부조가 이루어진다. 공공부조는 스스로 최저생활을 할 수 없으면, 누구나 국가로부터 최저생활을 보장받을 수 있다.

② 공공부조의 특징

국민의 최저생활을 보장하는 데 기본적인 목표를 두고 있으며, 다음과 같은 특징이 있다.

- 공공부조는 규정된 최저소득 이하의 자들에게만 적용된다.
- 공공부조는 조세를 재원으로 한다.
- 공공부조 수급자에 대한 자산조사가 행해진다.
- 공공부조는 사회적 취약계층에 대한 최종적 소득보장제도이다.

③ 공공부조의 기본 원리

가. 국가책임의 원리

나. 생존권 보장의 원리

다. 최저생활보장의 원리

라. 무차별 평등의 원리

마. 보충성의 원리

바. 자립조장의 원리

④ 공공부조의 문제점

공공부조의 대상이 되는 복지계급은 개인적·경제적 변화에 따라 그들의 행태가 단기간에 수정될 수 있는지에 대한 문제, 의존적 빈곤자에 대한 낙인 문제, 빈곤자가 복지계급의 일원이 되는 사회화 과정에 대한 문제로서 복지심리가 후대에까지 계승되는 문제, 피부조자가 주체성을 갖지 못하고 근로의식을 감퇴시킬 수 있다는 문제점이 있다.

정리하기

1. 빈곤의 개념과 이론
   - 개념 : 절대적 빈곤, 상대적 빈곤, 주관적 빈곤
   - 이론 : 인적자본이론, 선발이론(학력주의), 직무경쟁이론, 노동시장분절이론
2. 빈곤의 측정방법
   - 오샨스키 척도, 예산기준방법, 여론·합의방법, 가계지출방법
3. 공공부조제도
   - 자산조사를 통한 공공기관의 부조

2) 저소득층 지원사업

(1) 긴급복지지원제도

① 긴급복지지원제도의 개념

긴급복지지원제도는 경제 양극화 및 이혼 증가 등 사회변화 속에서 소득상실, 질병과 같이 갑작스러운 위기 상황에 발생할 경우 누구든지 손쉽게 도움을 청하고 필요한 지원을 받을 수 있도록 2006년 신설된 제도이다. 생계곤란 등 위기상황에 처한 사람을 신속하게 지원함으로써 위기상황에서 벗어나 건강하고 인간다운 생활을 하게 하는 것으로 위기상황에 놓인 사람들에게 신속한 지원이 이루어질 수 있도록 선지원－후조사 순으로 진행하는 것이 특징이며, 타 법령의 지원을 받을 때까지 일시적으로 지원된다.

② 긴급복지지원제도의 원칙

긴급복지지원은 위기상황에 처한 자에 대하여 일시적으로 신속하게 지원하는 것을 기본 원칙으로 하며, 다음과 같은 법령에 의해 동일한 지원을 받고 있는 경우 제외된다.

- 재해구호법
- 국민기초생활보장법

- 의료급여법
- 사회복지사업법
- 가정폭력방지 및 피해자보호 등에 관한 법률
- 성폭력방지 및 피해자보호 등에 관한 법률 등

③ 긴급복지지원제도의 대상

'위기상황'은 본인 또는 본인과 생계 및 주거를 같이하고 있는 가구구성원이 다음 중 어느 하나에 해당하는 사유로 인해 생계유지 등이 어렵게 된 것을 의미한다.

- 주 소득자가 소득을 상실한 경우(사망, 가출 등)
- 중한 질병 또는 부상으로 당한 경우
- 가구구성원으로부터 방임, 유기, 학대 등을 당한 경우
- 가구구성원으로부터 폭력, 성폭력 등을 당한 경우
- 화재 등 거주하는 주택에서 생활이 곤란하게 된 경우
- 지방자치단체의 조례로 정한 사유가 발생한 경우
- 그 밖의 보건복지부장관이 고시하는 사유가 발생한 경우

④ 긴급복지지원제도의 종류와 내용

종 류	내 용
생계지원	식료품비, 의복비 등 생계유지에 필요한 비용
의료지원	각종 검사 및 치료 등
주거지원	임시거처 제공 또는 비용 지원
복지시설이용 지원	사회복지시설 입소 및 서비스 제공
교육지원	수업료, 입학금, 학용품비 등 지원
기타 지원	상담, 정보제공, 연료비 등 위기상황 극복에 필요한 비용

(2) 자산형성지원제도

① 자산형성제원제도의 개념

자산형성지원은 국민기초생활보장제도의 자활급여 수급자 및 일반노동시장에서 일하는 취약계층을 대상으로 '근로하는' 수급자의 탈빈곤을 도모하고, 동시에 근로빈곤층의 기초수급자 진입을 사전에 예방하며, 중산층으로의 진입을 지원할 수 있도록 지원하는 제도이다. 자산형성지원의 방법은 별도의 통장을 개설하고 그 계좌에 수급자 본인이 일정 금액을 저축할 경우 저축액에 비례한 일정 금액을 국가가 추가로 납입해 주는 형태이다.

② 자산형성지원제도의 종류

구 분	희망키움통장(Ⅰ)	희망키움통장(Ⅱ)	내일키움통장
연 도	2010	2014	2010
가입대상	일하는 생계·의료 급여 수급가구	일하는 주거·교육 급여 수급가구 및 저소득층	자활근로사업 참여자
가입조건	소득인정액 기준 중위소득 40% 이하인 일하는 수급가구 중 총 소득이 중위소득의 40%의 60% 이상인 가구	최저생계비 120% 이하로 최근 1년 중 근로 활동한 사실이 있고, 최저생계비의 70% 이상인 가구	최근 3개월 자활근로사업단에 성실 참여자
저축액	10만 원	10만 원	5만 원/ 10만 원
정부지원액	근로소득 장려금 (월평균 29만 원) 가구원 수, 소득 수준에 따라 변동	근로소득장려금 (1:1 매칭)	본인 저축액에 매칭 지원 (최대 15만 원)
지원조건	3년 이내 탈 수급 조건	통장 3년 유지 및 교육이수 조건	3년 이내 일반노동 시장 등으로 취·창업 및 교육이수 조건
실질혜택	3년/ 3인 가구 기준 평균 1,400만 원 적립 (최대 2,052만 원)	3년 기준 평균 720만 원 적립 2년 연장 시, 약 1,000만 원	3년 기준 평균 900만 원 (최대 1,300만 원)

(3) 사회적 경제

사회적 경제는 시장이나 기업들이 자신의 이윤을 극대화하기 위해 노력하는 것과는 달리, 비이윤 추구적인 경제이고 공익을 추구하는 공적인 경제를 의미한다. 우리나라는 20세기 후반 경제위기를 경험하고, 고용 없는 성장 등 일자리 문제가 심각해지면서 새로운 대안 경제로서 사회적 경제가 부각되고 있다. 사회적 기업, 협동조합, 마을기업 등이 대표적이다.

① 사회적 기업

사회적기업육성법에서 사회적 기업은 취약계층에게 사회서비스 또는 일자리를 제공하거나 지역사회에 공헌함으로써 지역주민의 삶의 질을 높이는 등의 사회적 목적을 추구하면서 재화 및 서비스의 생산, 판매 등 영업활동을 하는 기업으로서 절차에 따라 인증받은 기업을 말한다.

- 조직 형태
  - 민법에 따른 법인·조합
  - 상법에 따른 회사·합자조합
  - 특별법에 따라 설립된 법인 또는 비영리민간단체 등

② 협동조합

협동조합기본법에서 협동조합은 재화 또는 용역의 구매, 생산, 판매, 제공 등을 협동으로 영위함으로써 조합원의 권익을 향상하고 지역사회에 공헌하고자 하는 사업 조직을 말한다. 협동조합을 설립하는 경우, 5인 이상의 조합원 자격을 가진 자가 발기인이 되어 정관을 작성하고 창립총회의 의결을 거친 후 주된 사무소의 소재지 관할 시·도지사에게 신고한다. 그 후, 출자금 납입이 끝난 날로부터 14일 이내에 주된 사무소의 소재지에서 설립등기를 함으로써 협동조합이 성립된다.

협동조합 이외에도 사회적 협동조합이 있는데, 사회적 협동조합은 비영리 법인의 성격을 가지며, 기획재정부의 인가를 받아 설립할 수 있다. 협동조합과 사회적 협동조합의 차이는 다음 표와 같다.

〈표 4-13〉 **협동조합과 사회적 협동조합**

구 분	협동조합	사회적 협동조합
성 격	법인	비영리법인
설 립	시·도지사 신고	기획재정부 인가
사 업	업종 및 분야 제한 없음	공익사업 40% 이상 수행
적립금	잉여금의 10% 이상	잉여금의 30% 이상
배 당	가능	금지
청 산	정관에 따라 잔여재산 처리	사회적 협동조합, 비영리법인, 국고 등에 귀속

③ 마을기업

마을기업은 사회적 경제의 한 축으로 지역주민이 각종 지역자원을 활용한 수익사업을 통해 공동의 지역문제를 해결하고, 소득 및 일자리를 창출하여 지역공동체 이익을 효과적으로 실현하기 위해 설립·운영하는 마을단위의 기업을 말한다. 마을기업이 되기 위해서는 관할 지방자치단체에서 심사를 통해 광역자치단체로 추천된 후, 현지실사 등의 심사를 통해 승인을 받고 행정안정부의 최종 심사를 통해 지정받아야 한다.

〈표 4-14〉 **마을기업의 특성**

특 성	내 용
기업성	• 경제조직으로 시장경쟁력을 갖추어야 함 • 회사, 협동조합 등의 법인 형태
공동체성	• 출자자는 5인 이상 • 모든 회원이 출자에 참여해 공동 운영

공공성	• 마을기업 및 지역사회 전체의 이익을 실현 • 지역사회 공헌활동을 반드시 이행
지역성	• 지역에 뿌리를 두고 설립・운영 • 지역사회의 자원 활용

정리하기

1. 긴급복지지원제도
   - 위기상황에 처한 자에 대하여 일시적으로 신속하게 지원하는 것
   - 생계지원, 의료지원, 주거지원, 사회복지시설이용 지원, 교육지원, 그 밖의 지원
2. 자산형성지원제도
   - 희망키움통장(Ⅰ), 희망키움통장(Ⅱ), 내일키움통장
3. 사회적 경제
   - 사회적 기업, 협동조합(사회적 협동조합), 마을기업

3) 우리나라 사회복지정책의 과제

(1) 사회복지정책의 변화

① 복합적인 사회적 위험에 대응

사회복지정책의 변화는 소득 중단과 같은 경제적 문제와 더불어 탈산업화 사회, 지식기반사회에서 여성의 돌봄과 일의 병행, 저출산, 정보격차 등으로 표현되는 새로운 위험에 대처하는 노력이 필요하다. 이는 다음과 같은 복합적인 사회적 위험에 대응하는 것에서부터 시작된다.

- 시대의 변화에 따른 사회복지의 인식 변화
- 가족기능 및 부양 의식의 약화에 따른 사회복지 수요 증대
- 소득격차 심화에 따른 상대적 빈곤
- 인구구조의 변화로 인한 저출산・고령화 문제

– 기계문명의 발달로 인한 사회적 위험의 증가
– 사회복지실천의 통합성 강조 등

② 복지에 대한 기대와 전망

사회복지는 더 이상 가난한 자들에 대해서만 제공되는 서비스가 아니다. 국민들의 복지의식 향상과 욕구의 다양화에 따른 사회복지의 수요 증가는 물론, 군, 다문화, 교정, 산업, 외국인 등 새로운 복지수요가 증가하고 있다. 또한 사회환경의 변화와 사회적 욕구에 따른 국가와 사회의 책임성이 증대되고 있고, 주민의 자발적 참여 확대를 통한 지역사회 중심의 복지운동도 증가하고 있다. 우리나라의 경제적 위상에 맞는 국제사회에 대한 기여가 확대되고 있으며, 국민의 사회복지서비스 질 향상과 권리의식도 강화되고 있다.

(2) 사회복지정책의 과제

① 생애주기별 정책 개발

새로운 복지정책의 방향은 모든 국민들이 경험하는 생애주기별 위험에 대하여 국가가 적극적으로 개입하여 보호하는 보편적 복지로 나아가야 한다.

〈표 4-15〉 생애주기별 정책 개발

생애주기	정책 개발
아동/ 청소년	• 보육/ 교육 등 공공의 책임성 확대
장애인	• 재활, 기초생활보장, 자활 프로그램의 내실화
노인	• 노후보장(기초연금), 장기요양서비스의 확대
지역사회	• 근로가정 소득 보장, 지역공동체 회복

② 전달체계의 개편

사회복지의 전달체계가 원활히 실행되기 위해서는 사회복지 전담 행정기관의 전문 인력 배치 및 전문성 강화가 시급하다. 그리고 중앙부처의 복지 관련 기관 간 연계・조정을 통한 일관되고 체계적인 업무처리 체계 구축되어야 한다. 특히 보건복지부, 고용노동부, 교육부, 여성가족부 등 복지 관련 업무 추진 주체들의 협력체계 구축이 시급하다.

③ 사회복지 전문인력의 확보

다양한 사회복지 욕구에 대응할 수 있는 사회복지정책 및 실천 전문 인력이 필요하다. 노인, 다문화, 외국인 근로자, 한부모 가정, 1인 가정 등의 증가와 문화, 여가 생활에 확대에 따른 복지서비스와의 연계된 욕구를 해결할 수 있는 전문 인력이 필요하다. 특히 사회복지교육에서의 내실화 및 전문성 강화, 전문자원봉사자 양성도 중요하다.

④ 양극화 극복 및 양성평등사회 구현

조세와 복지정책의 확대로 소득재분배 기능을 어느 정도 수행하고 있으나, 계층과 세대 간의 양극화는 점점 심화되고 있다. 따라서 사회복지재원의 안정적인 마련과 재원의 올바른 배분과 조세저항에 따른 국가재정의 악화를 방지할 수 있는 정책이 수립되어야 한다. 그리고 여성의 사회참여 확대에 따른 양성평등사회가 구현되어야 한다. 성폭력, 가정폭력, 데이트 폭력, 가사와 육아에 대한 부담을 경감시키고, 병역의무, 직장 내 성비 불균형 등 남성에 대한 역차별 문제도 해결되어야 할 과제이다.

⑤ 지역주민들의 복지참여 확대

사회복지정책은 한 지역의 특색과 그 지역이 가진 고유한 문제들이 반영되어야 하며, 한 지역이 당면한 문제들과 지역민들의 특성을 중심으로 주민이 참여하는 주민 중심의 복지가 이루어져야 한다. 이를 위해서는 지역사회보장협의체(시·군·구, 읍·면·동)의 구성과 활동을 위한 관심과 노력, 지역사회보장계획(4년)을 위한 마을단위의 마을복지계획 수립을 위한 지원과 노력이 필요하다. 그리고 지역주민들의 자발적인 참여와 지역적 특성에 기반한 주민복지가 확대되어야 한다.

정리하기

1. 사회복지정책의 변화
   - 복합적인 사회적 위험에 대응
   - 복지에 대한 기대와 전망
2. 사회복지정책의 과제
   - 생애주기별 정책 개발, 전달체계의 개편, 사회복지 전문인력의 확보, 양극화 극복 및 양성평등사회 구현, 지역주민들의 복지참여 확대

참고문헌

강희갑 외(2016). 사회복지정책론. 양성원.
고수현 외(2016). 사회복지정책론. 양서원.
권기창(2014). 사회복지정책론. 창지사.
김영화 외(2016). 사회정의실현을 위한 사회복지정책론. 공동체.
________(2020). 사회정의실현을 위한 사회복지정책론. 공동체.
노병일(2014). 사회보장론. 공동체.
박정호(2012). 사회복지정책론. 학지사.
박주현(2017). 사회복지정책론. 어가.
______(2019). 사회복지정책론. 어가.
사회복지연구센터(2013). 사회복지정책론. 나눔의집.
생각의마을(2019). 에쎕 사회복지정책론. 공동체.
서보준 외(2014). 사회복지정책론. 공동체.
서보준 외(2016). 사회복지정책론. 공동체.
양정하 외(2013) 사회보장론. 공동체.
양정하 외(2016). 사회복지정책론. 양서원.
원석조(2014). 사회보장론. 양서원.
______(2019). 사회복지발달사. 공동체.
______(2020). 사회복지정책론. 공동체.
이정우(2004). 사회복지정책론. 학지사.
이준영 외(2015). 사회보장론 원리와 실제. 학지사.
이진숙 외(2011). 사회복지정책론. 양서원.
현외성(2019). 사회복지정책론. 양서원.
홍봉수 외(2016). 사회복지정책론. 공동체.
황선영 외(2016). 사회복지정책론. 창지사.

Bigman, S. K.(1961). Evaluating the Effectiveness of Religious Programs. *Review of Religious Research, Vol. 2,* Winter.
Gilbert, N., & Terrell, P.(1988). *Dimensions of Social Welfare Policy.* Boston : Allyn and Bacon.
Perlman, R.(1975). *Social Policy and Citizenship.* London : Macmillan.

Weiss, C. H.(1998). *Evaluating.* New Jersey : Prentice Hall.

Wilensky, H. L.(1983). Political Legitimacy and Consensus : Missing Variables in Assessment of Social Policy. In S. E. Spiro & E. Yuchtman Yaar(Eds.), *Evaluating the Welfare State : Social and Political Perspectives.* NY : Academic Press.

저/자/약/력

정연모
대구대학교 대학원 도시학과 박사
사회복지공동모금회 근무
영진사이버대학교 사회복지계열 교수

임우현
대구대학교 대학원 사회복지학 박사수료
사회복지법인 함께하는 마음재단 근무
영진사이버대학교 사회복지계열 교수

최형임
대구대학교 대학원 사회복지학과 박사
영남대학교 영천병원 근무
영진사이버대학교 사회복지계열 교수

사회복지정책론

|공저자| 정연모 · 임우현 · 최형임

|1판 1쇄| 발행 2024년 5월 30일
|1판 2쇄| 발행 2025년 3월 10일

|발행인| 김동훈
|발행처| 공동체

|주소| 경기도 고양시 일산동구 호수로 358-39, 동문타워 I 905호(백석동)
|전화| 031) 814-3000(대표)
|팩스| 031) 814-3100
|홈페이지| http://www.compub.co.kr
|전자우편| compub@naver.com
|출판등록| 2005년 10월 6일
|등록번호| 제396-2005-36호

|ISBN| 979-11-6725-752-9
정가 13,000원